出土文物三百品

中國文物交流中心編

出土文物
三百品

中國文物交流中心編

新世界出版社

策　　劃: 童正洪　　王立冬　　張曉江　　李振國
學術顧問: 宿　白
主　　編: 雷從雲　　楊　陽
撰　　稿: 楊　陽　　殷　稼　　雷從雲　　陳　烈
　　　　　趙古山　　祝書民　　寧　彬
攝　　影: 王　露　　王玉貴　　樊申炎　　張　平
　　　　　孫之常　　姜言忠　　羅忠民　　劉　建
　　　　　許　冬　　李　凡
中文編輯: 程欽華　　曉　言　　田　村
英文翻譯: 楊　熾　　楊達悟
英文核審: 楊憲益
英文編輯: 李振國
裝幀設計: 余秉楠
責任編輯: 嚴欣強

總目

中國歷史簡表

| 6000 | 2000 | 1900 | 1800 | 1700 | 1600 | 1500 | 1400 | 1300 | 1200 | 1100 | 1000 | 900 | 800 | 700 | 600 | 500 | 400 | 300 |

夏

新石器時代

商

西周

春秋

戰國

秦

006

014

019

022

024

049

061

062

064

114

134

142

157

176

210

266

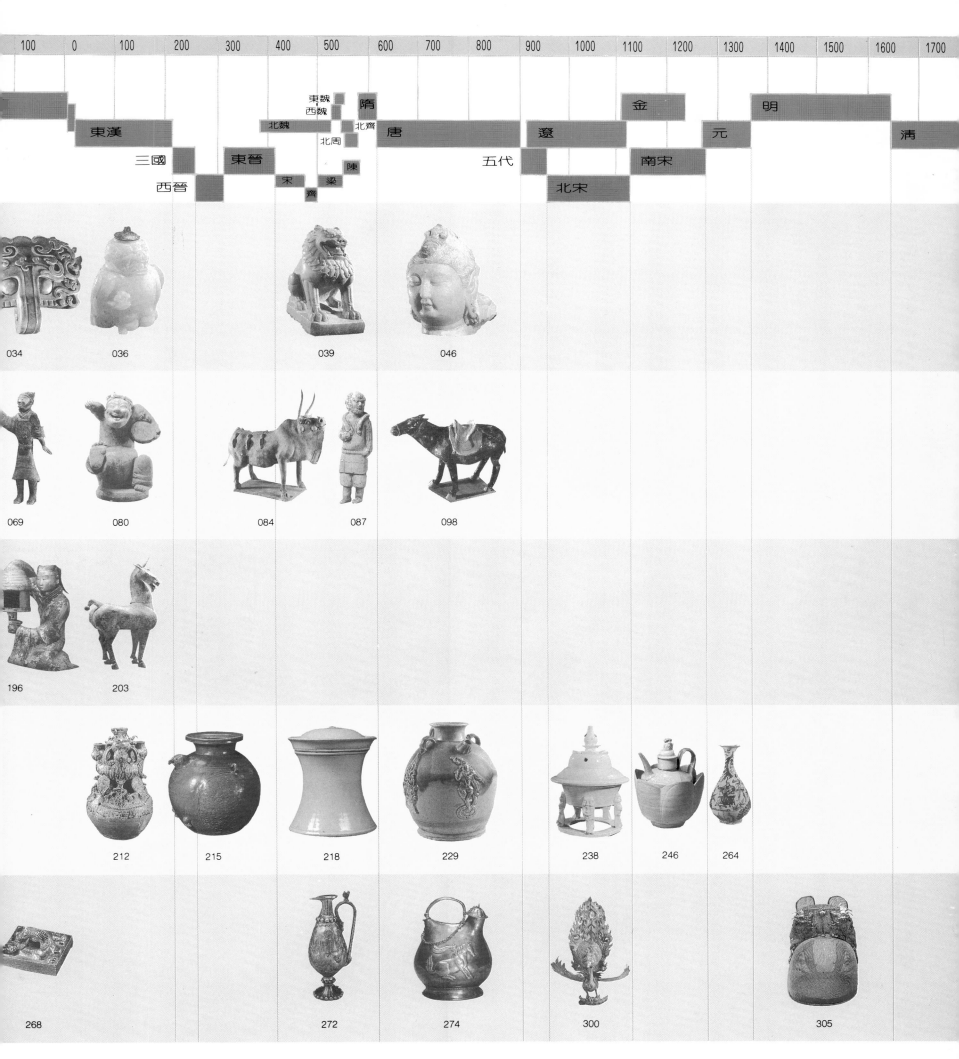

文物出土地點示意圖

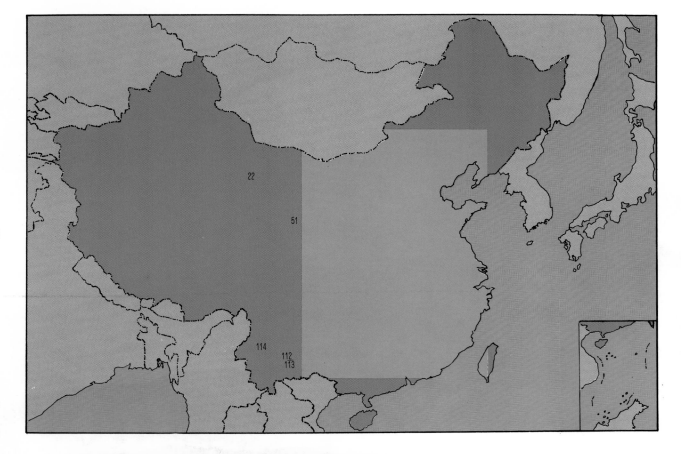

1　阜新縣新石器時代紅山文化遺址
2　凌源縣(西周)
3　喀喇沁左翼西周窖藏
4　朝陽市遼代北塔
5　平山縣戰國中山國王墓
6　易縣戰國遺址
7　滿城縣漢代中山靖王墓
8　定縣北莊漢代墓
9　徐水縣防陵村漢代墓
10　磁縣觀臺宋代窯址
11　保定市元代窖藏
12　房山縣琉璃河西周墓地
13　密雲縣(遼代)
14　昌平縣明代定陵
15　昭烏達盟翁牛特旗三星他拉村新石
　　器時代紅山文化遺址
16　伊克昭盟杭錦旗戰國匈奴墓
17　烏蘭察布盟達茂旗(北朝)
18　赤峰市遼代駙馬墓
19　哲里木盟奈曼旗遼代陳國公主墓
20　呼和浩特市(元代)
21　蘭州市新石器時代馬家窯文化墓
22　玉門市新石器時代墓
23　武威市雷臺漢代墓
24　秦安縣葉家堡唐墓
25　濰坊市姚官莊新石器時代龍山文化
　　遺址
26　日照縣東海峪新石器時代龍山文化
　　遺址
27　青州市蘇埠屯商代墓
28　諸城縣(戰國)
29　濟南市(漢代)
30　襄汾縣陶寺新石器時代末期墓
31　芮城縣唐代遺址
32　太原市北齊婁叡墓
33　長治市戰國墓
34　石樓縣商代窖藏
35　聞喜縣西周墓地
36　侯馬市春秋遺址
37　渾源縣(春秋)
38　西安市漢代遺址
　　西安市隋代姬威墓
　　西安市隋代李靜訓墓
　　西安市何家村唐代窖藏
　　西安市唐代興慶宮景龍池遺址
　　西安市唐代大明宮遺址
　　西安市唐代安國寺遺址
　　西安市唐代楊思勗墓
　　西安市中堡村唐代墓
39　臨潼縣秦始皇陵兵馬俑坑
40　洛南縣新石器時代仰韶文化遺址
41　咸陽市楊家灣漢代墓
42　禮泉縣唐代張士貴墓
43　乾縣唐代懿德太子墓
44　淳化縣(西周)
45　寶雞市(西周)
46　扶風縣法門寺唐代地宮
47　綏德縣(戰國)
48　銅川市黃堡鎮(唐代)
49　藍田縣(金代)
50　固原地區北周李賢墓
51　樂都縣柳灣新石器時代馬家窯文化
　　墓地
52　南京市明代黔寧昭靖王墓
53　邗江縣漢代墓

54　武進縣(春秋)
55　盱眙縣漢代窖藏
56　徐州市漢代墓
57　丹陽縣西晉墓
58　溧水縣(元代)
59　丹徒縣丁卯橋唐代窖藏
60　鎮江市(宋代)
61　屯溪市(西周)
62　舒城縣(春秋)
63　壽縣戰國墓
64　肥西縣將軍嶺鄉(北宋)
65　懷寧縣(北宋)
66　新鄭縣新石器時代裴李崗文化墓
67　安陽市殷墟商代婦好墓
68　鄭州市大何村新石器時代仰韶文化
　　遺址
69　洛陽市唐代安菩墓
70　平頂山市西周應國墓
71　南樂縣(漢代)
72　伊川縣(漢代)
73　臨汝縣閻村新石器時代仰韶文化遺
　　址
74　濟源縣(漢代)
75　靈寶縣張灣漢代墓
76　焦作市(漢代)
77　淅川縣下寺春秋楚墓
78　新野縣(漢代)
79　羅山縣(商代)
80　濮陽縣(北齊)
81　長葛縣北宋墓
82　寶豐縣清涼寺北宋窯址
83　隨州市擂鼓墩戰國曾侯乙墓
84　崇陽縣(商代)
85　江陵縣望山春秋墓
86　巫山縣新石器時代大溪文化遺址
87　廣漢市三星堆商代遺址

88　成都市百花潭戰國墓
89　新都縣漢代墓
90　彭縣三界鄉(漢代)
91　餘姚市新石器時代河姆渡文化
　　遺址
92　餘杭縣反山新石器時代良渚文
　　化遺址
93　黃岩市(漢代)
94　紹興市西晉墓
95　臨安縣(五代)
96　慈溪市(北宋)
97　龍泉縣南宋窯址
98　松陽縣(南宋)
99　新幹縣大洋洲商墓
100　婺源縣(宋代)
101　南昌市南宋陳氏墓
102　高安縣元代窖藏
103　景德鎮市元代遺址
104　長沙市(商代)
105　寧鄉縣(商代)
106　醴陵縣(商代)
107　湘鄉市(戰國)
108　衡東縣(戰國)
109　衡陽市(唐代)
110　常德市(元代)
111　興仁縣(漢代)
112　晉寧縣石寨山漢墓
113　江川縣李家山漢墓
114　大理宋代崇聖寺塔
115　廣州漢代南越王墓
116　隆安縣新石器時代遺址
117　貴縣(漢代)

序言

中國歷史文化源遠流長。若以甲骨文作爲文字始祖來推算，中國有文字可考的文明史已有四千餘年了。若按有些學者的論證，新石器時代晚期陶器上已有初具原始文字功能的陶文，則中國文明史的開端可追溯到更早的神話傳說時代。中國歷史文化綿延不斷。全世界還沒有一個國家民族在歷史上像中國這樣，上下幾千年，縱橫近萬里，幾多朝代更迭交替，而傳統文化卻如大江涌流，一脈相承。

歷史已成過去。今人研究中國歷史，除需要閱覽浩如煙海的史書文獻外，還要考察難以盡數的地面和地下出土的歷史文物——研究中國歷史文化的載體。

中國自古崇尚厚葬，大量的奇珍異寶隨死者埋葬於墳墓之中。尤其是歷代帝王將相、達官貴人，其陵墓規模之宏大，耗費之驚人，隨葬品之奢華豐富，都令人驚嘆。據估算，目前僅國內博物館珍藏的出土或傳世的文物已逾一千萬件。至於藏於民間，流散國外以及尚未出土的文物，尚難以計算。

隨着重器寶物不斷地被發現，北宋中葉（公元十一世紀）以青銅彝器和石刻爲研究對象的"金石學"問世。到清代末葉（公元十九世紀），金石學發展爲"古器物學"。一九二一年，北洋政府農商部顧問瑞典人安特生與中國地質調查所的地質學家袁復禮等在河南省澠池仰韶村進行發掘，揭開了近代中國考古學的序幕。之後，北京周口店和河南省安陽殷墟的科學發掘，標誌着中國考古學的誕生。五十年代以來，中國考古學進入了黃金時代，重要考古發現層出不窮。新石器時代的河南省新鄭裴李崗遺址，浙江省餘姚河姆渡遺址，遼寧省喀左東山嘴、建平牛河梁紅山文化遺址，陝西省臨潼姜寨遺址，山東

省泰安大汶口文化墓地，浙江省餘杭反山、瑤山良渚文化遺址；夏商周時代的山西省襄汾陶寺遺址，河南省偃師二里頭文化遺址和商城遺址，河南省安陽殷墟婦好墓，四川省廣漢三星堆祭祀坑，江西省新幹大墓，

省周原遺址，河北省平山中山國王墓，湖北省隨縣曾侯乙墓；秦漢時代的陝西省臨潼秦始皇陵陶俑坑和銅車馬，河北省滿城漢墓，湖南省長沙馬王堆漢墓，廣州市南越王墓，雲南省晉寧石寨山滇人墓；魏晉南北朝時期的遼寧省北票北燕馮素弗墓，山西省大同北魏司馬金龍夫婦墓，山西省太原北齊婁叡墓；隋唐時代的陝西省乾縣乾陵陪葬墓，陝西省扶風法門寺塔基地宮，西安市何家村唐代窖藏；宋遼金元明時代的河南省寶豐宋汝窯窯址，內蒙古自治區奈曼旗遼代陳國公主墓以及北京市昌平明定陵等等；都是重大考古發現，其中有的震驚了世界，被譽爲古代世界的奇迹。這是中華民族珍貴的文化財富，也是全人類的文化遺產。

中國考古成就，舉世矚目。近二十年來，部分出土文物精品應邀出展，觀者如潮。據統計，亞洲、歐洲、美洲、大洋洲許多國家和地區參觀中國文物展覽的人數將近五千萬。展覽每到一處，都迅速掀起"中國文物

熱"。中國文物又成爲促進中外文化交流，增進各國人民友誼和瞭解的光榮使者，弘揚了中國燦爛的歷史文化。

由於時間、地點及文物本身等條件的限制，僅靠文物展覽這個窗口，難以使世界上更多的人瞭解中國古代文明。這就需要出版大量的以考古發現爲內容的各類書籍和畫冊，以彌補前者之不足。

中國文物交流中心是統籌承辦在世界各國及港、澳、臺地區舉辦中國文物展覽等項業務的機構。在舉辦展覽的同時，中國文物交流中心還合作編輯出版了幾十種精美的展覽圖錄，在海外廣爲發行。爲了更集中地反映中國出土文物的風貌，由中國文物交流中心編著，新世界出版社編輯出版了這部大型歷史考古藝術圖冊《出土文物三百品》。這部圖冊分爲"玉石器篇"、"陶器篇"、"青銅器篇"、"瓷器篇"、"金銀器篇"等五篇，每篇有專論文章，全書共精選三百多幀國寶級文物彩版，每件文物均有說明，可謂圖文並茂，雅俗共賞，具有較高的史料價值、藝術鑒賞價值及收藏價值。

鑒於出土文物數量浩繁，要在一部圖冊中薈萃，難免掛一漏萬。近年來，已有系統的《中國美術全集》等各類圖書相繼面世。但考慮到海外讀者的需要，力求在這部圖冊中另闢新徑，凝煉出土文物三百品攝印成冊，以備鑒賞。

中國現代考古學家。遼寧省瀋陽市人。一九二二年八月三日生。一九四四年北京大學史學系畢業。一九四八年北京大學文科研究所研究生畢業，並任職於該所考古學研究室。一九五二年任教於北京大學歷史系考古教研室，兼教研室副主任。一九七八年任北京大學歷史系教授。一九七九年兼任中國社會科學院考古研究所學術委員。同年被選爲中國考古學會常務理事。一九八三年任北京大學考古系主任，兼該校學術委員。同年任文化部國家文物委員會委員。還兼任美國洛杉磯加州大學客座教授。

宿白的主要學術論著有：《白沙宋墓》、《北魏洛陽城與北邙陵墓》、《西安地區唐墓壁畫的佈局和內容》、《隋唐城址類型初探》、《兩漢魏晉南北朝時期的敦煌》、《南宋的雕版印刷》、《居庸關過街塔考稿》、《雲岡石窟分期試論》、《敦煌早期洞窟雜考》、《大金武州山石窟寺碑的發現與研究》、《新疆克孜爾部分洞窟的分期》和《趙城金藏與弘法藏》等。

玉石俱焚篇

導言

　　玉，被古人稱爲"石之美者"。早在新石器時代，中國遠古先民就從石塊中區分出質地堅韌，光澤柔潤，色彩絢麗，叩之音淸的美石。將其雕磨琢治，便成爲玉器。今人對玉器的定義是，以硬玉、軟玉、碧玉、蛇紋石、水晶、玉髓等爲原料而製作的工具、裝飾品、祭器、禮樂器、文房用具、陳設品等。

　　石與玉，一粗一精，一多一少，相輔相成，交相輝映，成爲人類文化遺產的重要載體。

　　中國是世界上主要的產玉國。不僅開採歷史悠久，而且分佈地域極廣，蘊藏量豐富。據《山海經》記載，中國產玉的地點有兩百餘處。其中最著名的產玉地是新疆和田。此外，甘肅的酒泉玉，陝西的藍田玉，河南的獨山玉和密縣玉，遼寧的岫岩玉等，也是中國玉器的常用原料。

　　中國玉器源遠流長。考古學家曾在屬於舊石器時代晚期的山西省峙峪遺址中發現了一件用水晶製成的小刀。這是迄今爲止，中國發現的最早的玉器。進入新石器時代後，人們在選擇、打製、琢磨石器的過程中，逐步認識了比一般石材美麗的"彩石"，便把它琢磨成工具、裝飾品和祭祀用品。

　　距今七千多年前，浙江省餘姚河姆渡文化遺址發現的二十八件用玉和瑩石製作的裝飾品，雖然製作比較粗糙，但先民們已用此裝扮自己，美化生活，揭開了中國玉石文化的序幕。

　　距今五千年前後，是中國新石器時代諸文化發展變化的關鍵時期，亦是中國玉石文化的形成時期。中國東北地區紅山文化遺址出土的典型玉器有獸形玉飾、玉龍、獸面紋丫形器、箍形玉器等。其中，玉龍對後世影響較大，堪稱殷商玉龍之鼻祖。山東地區大汶口文化遺址出土了玉鏟、玉璇璣、玉玲、玉臂環、玉串飾及人面形玉飾等。龍山文化遺址出土了玉刀、獸面紋玉碎、玉玦、玉璜、玉琮和玉鳥等。太湖地區良渚文化遺址出土的典型玉器有玉琮、玉鉞、玉璧、冠狀玉飾、玉璜、錐形玉飾、玉串飾等。其中最能反映良渚文化琢玉水平的，是形式多樣，數量眾多，富有神秘色彩的神人獸面紋玉琮。此外，西部甘靑地區、中原地區、長江中游地區、嶺南廣東地區新石器時代諸文化遺址中，也有玉器出土。從紅山文化、良渚文化來看，玉器多出自大中型墓葬，據此可知，玉器除具有祭天祀地、陪葬殮尸等作用外，還有辟邪的功能，是權力與財富的象徵。可以說，中國玉器在濫觴期，就帶有神秘的人文色彩。

　　燦若繁星的玉器出土面世，使某些考古學家認爲，在新石器時代末期，還有一個"玉器時代"。

　　中華人文始祖軒轅黃帝，以玉分賜部族首領，作爲享有權利的標誌，確立了玉器至高無上的地位。

　　據記載，商周時代，"以玉作六器以禮天地四方，以蒼璧禮天，黃琮禮地，靑圭禮東方，赤璋禮南方，白琥禮西方，玄璜禮北方。圭璧以祀日月星辰，璋射以祀山川。"殷人愛玉，僅殷墟婦好墓就出土了各類玉器七百五十五件，周武王滅商時，"得舊寶玉萬四千"，可見商代治玉的發達程度。殷墟出土的玉器，有不少和田玉製品，證明爲了玉石貿易，以西域和田爲基點向東向西，在公元前十三世紀時即已形成了一條"玉石之路"，它比世界聞名的"絲綢之路"早了上千年！商周玉器和靑銅器同臺聯袂，合奏出中國上古文明的華彩樂章。

　　春秋戰國時期，是中國古代社會歷史上大變革的時代，政治上諸侯爭霸，學術上百家爭鳴，文化上百花齊放，玉石藝術也大放異彩。孔子曰：君子之心如玉。當時，諸侯貴族都把美玉作爲自己的化身，"君子無故，玉不去身"，故而佩玉極爲風行。膾炙人口的"和氏璧"和"完璧歸趙"的故事就發生在此時。同時，玉被賦予了"德"的觀念，"君子比德於玉"，玉有五德、九德、十一德等學說也應運而生。著名學者郭寶鈞在《古玉新詮》中指出"抽繹玉之屬性，賦以哲學思想而道德化；排列玉之形製，賦以陰陽思想而宗教化；比較玉之尺度，賦以爵位等級而政治化"。這是對當時禮學與玉器研究的高度理論概括，同時揭示了愛玉風尚在中國流傳幾千年之久的內在原因。

　　漢代玉石藝術繼承了前代精華，繼續發展到新的高峰，並奠定了中國玉石文化的基本格局。漢代玉器可分爲禮玉、葬玉、飾玉、陳設玉四大類，其中最能體現漢代玉器特色和治玉工藝水平的，是葬玉和陳設玉。爲祈求尸體不朽而製作的葬玉有：玉衣、九竅塞、玉琀和握玉等。一九六八年，河北省滿城西漢中山靖王劉勝和其妻竇綰墓發現的兩件金縷玉衣，保存完整，玉衣是用金絲將兩千多塊玉片精心編綴而成的，使世人目睹到漢代王公貴族的殮服。陳設玉多爲圓雕和高浮雕作品，代表作有玉人、羊脂玉羽人飛馬、玉熊等，體現出漢代浪漫豪放的藝術風格。

　　與此同時，作爲玉石文化組成部分的石雕藝術亦創造出了許多驚世之作，建立起又一座宏偉的藝術殿堂。陝西省興平霍去病墓的大型石雕群，雄渾古拙，雕刻手法凝練傳神，是中國已發現的時代最早，保存最完整的成組石雕。反映了漢代將軍堅定的抗敵意志與偉大的時代精神。

　　長達三個半世紀的三國兩晉南北朝時期，是玉器發展的低潮期，出土玉器極少，與當時風靡一時的佛教石雕藝術形成鮮明的反差。究其原委，可能與當時神仙思想盛行，在道教煉丹術的影響下，人們崇尚食玉，把玉料當作仙藥，不好琢玉有關。

唐代玉器出土數量雖不多，但質地優良，工藝精湛，開始出現世俗化的傾向，這與當時繪畫、雕塑藝術的成熟有關。陝西省西安何家村出土的鑲金瑪瑙牛首杯，是唐代玉器的代表作。它是利用瑪瑙的天然紋理，仿獸角形狀，精心雕製而成的，既反映出唐代玉雕藝術的創新精神，又反映出中國與中亞各國在文化藝術上的交流與相互影響。

佛教藝術雖然來自西方，但自從傳入中國後，中國石雕佛教藝術就表現出極大的生命力，所創造出的作品可與古代埃及、印度、希臘、羅馬的石雕藝術成就比肩。

唐代佛教石雕藝術在繼承魏晉南北朝傳統的基礎上發揚光大，達到了爐火純青的境界。圓雕、浮雕、透雕等技法十分完備、嫻熟，既有摩雲參天的樂山大佛，又有高不盈寸的千佛造像；無論是洛陽龍門石窟的奉先寺，還是西安安國寺遺址出土的白石菩薩，這些空前絕後的藝術形象，對古代東方藝術產生了不可估量的影響，堪稱世界藝術寶庫中的瑰寶。

經宋元至明清時代，中國玉器史又譜寫了新的篇章。其玉質之美，琢工之精，器形之豐，作品之多，都是前所未有的。技藝非凡的能工巧匠們，借鑒繪畫、雕塑等其它工藝的表現手法，汲取傳統的陽綫、陰綫、平凸、隱起、起突、鏤空、立體、俏色、燒古等多種琢玉工藝，融會貫通，綜合運用，將中國玉器藝術推向了鼎盛階段。

中國自古視玉為寶，西周金文中的"寶"字，即指室內藏有玉和貝。中國還素有"金有價，玉無價"之說。歷代帝王的"傳國玉璽"，都是用美玉刻製的。七千多年以來，經過不間斷地持續發展，玉器石雕已構成獨具特色的中國玉石文化，對中國文明產生了深刻的影響。連常用成語也留下了它的印記，如："它山之石，可以攻玉"，"懷瑾握瑜"、"玉石俱焚"、"寧為玉碎，不為瓦全"等等，更使玉石擁有一種超乎尋常的魅力。正如英國著名自然科學史學家李約瑟博士所說："對於玉器的愛好，可以說是中國文化特色之一。"

大浪海沙。中國出土的古代玉器石雕雖是萬劫餘生，卻仍佳作如雲，美不勝收。筆者漫步其中，留連忘返。茲擷其精華，奉獻於讀者面前，權作藝海拾貝而已。

楊陽

楊陽，男，一九五四年生於西安市。一九八二年畢業於北京大學歷史系考古專業。一九八七年被評為助理研究員。現任中國文物交流中心展覽處處長。曾主持籌備赴加拿大"華夏瑰寶"、赴新加坡"漢代文明"、赴澳大利亞"永恆的中國"等文物展覽，主編有關展覽圖錄。在國內外刊物上發表《匈奴民族形成和發展階段說》、《我國早期不同經濟文化類型形成的考古學分析》等幾篇論文，合著《西安的歷史巡歷》一書。一九九〇年應邀赴美參加由芝加哥博物館舉辦的"中國佛教雕塑藝術"國際學術會議。

石磨盤石磨棒

裴李崗文化因一九七七年首次發現於河南省新鄭縣裴李崗而得名。因早於新石器時代的仰韶文化，又與仰韶文化有淵源關係，所以又被稱爲"前仰韶"時期新石器文化。

這是距今七、八千年前，裴李崗文化的先民用來加工穀物的一種生產工具。由砂岩琢製而成。磨盤成橢圓形，下帶四個柱狀足。外形美觀，製工精細，便於使用。在磨盤表面和磨棒中部有明顯的使用痕迹。說明這一時期的原始農業已發展到一定的水平。

001 石磨盤石磨棒
新石器時代裴李崗文化
（公元前 5500— 前 4900
年）
長 68 厘米
1977 年河南省新鄭縣
裴李崗出土
河南省博物館藏

獸面紋玉丫形器

紅山文化因一九三五年發現於內蒙古自治區東部赤峰市紅山附近而得名，相對年代與仰韶文化大致相當。

這件玉器由黃色玉琢製。形若"丫"字，兩面紋飾相同，上部皆有兩耳外凸，面刻陰綫圓形大眼，末端有一圓孔，可供穿繫。此類器物在紅山文化中僅發現一件，其紋飾之精美，係迄今所知紅山文化玉器之冠。

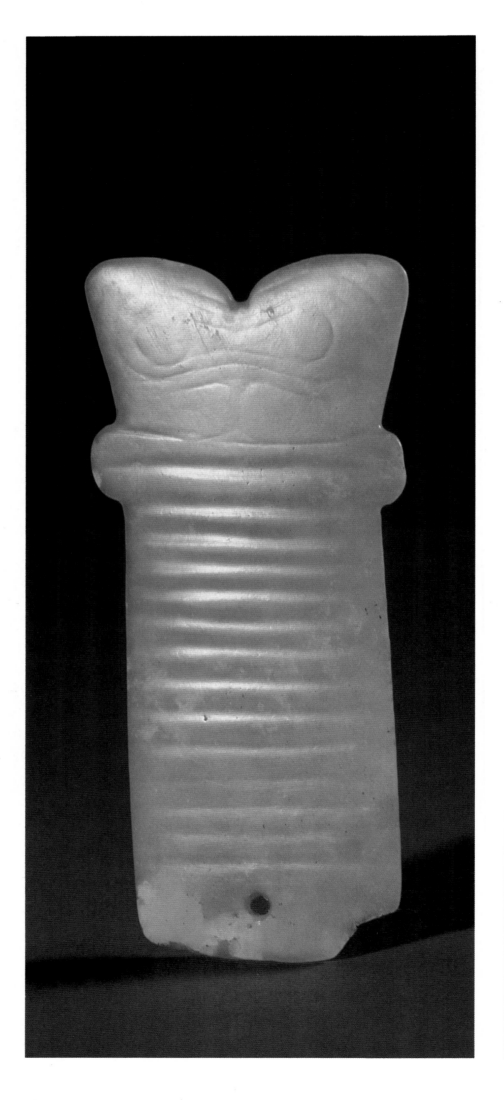

002 獸面紋玉丫形器
新石器時代紅山文化
(公元前 3500 年)
長 12.1 厘米
遼寧省阜新縣福興地遺址採集
遼寧省博物館藏

由碧綠色岫岩玉琢磨而成。龍身卷曲呈"C"字形，吻部特徵如豬，龍額及顎底均刻細密的網格紋，龍身如蛇，但光素而無鱗狀紋飾，龍背有長鬣，具有生動飛騰的藝術效果。龍體正中有一小穿孔，可供穿繫掛飾。玉龍琢刻精細，造型奇特，為迄今發現最早的玉龍。考古發現說明，在史前的新石器時代，龍的崇拜已經產生。龍的形象不僅紅山文化有，黃河流域的仰韶文化也十分尊崇龍。一九八七年六月，在河南省濮陽縣西水坡遺址仰韶文化早期墓葬內，即發現用蚌殼在地面擺塑而成的一龍一虎，它距今約六千多年，是目前所見時代最早的龍的形象。

003 玉龍
新石器時代紅山文化
(公元前 3500 年)
高 26 厘米
1971 年內蒙古自治區昭烏達盟翁牛特旗三星他拉村出土
內蒙古自治區昭烏達盟翁牛特旗博物館藏

玉龍

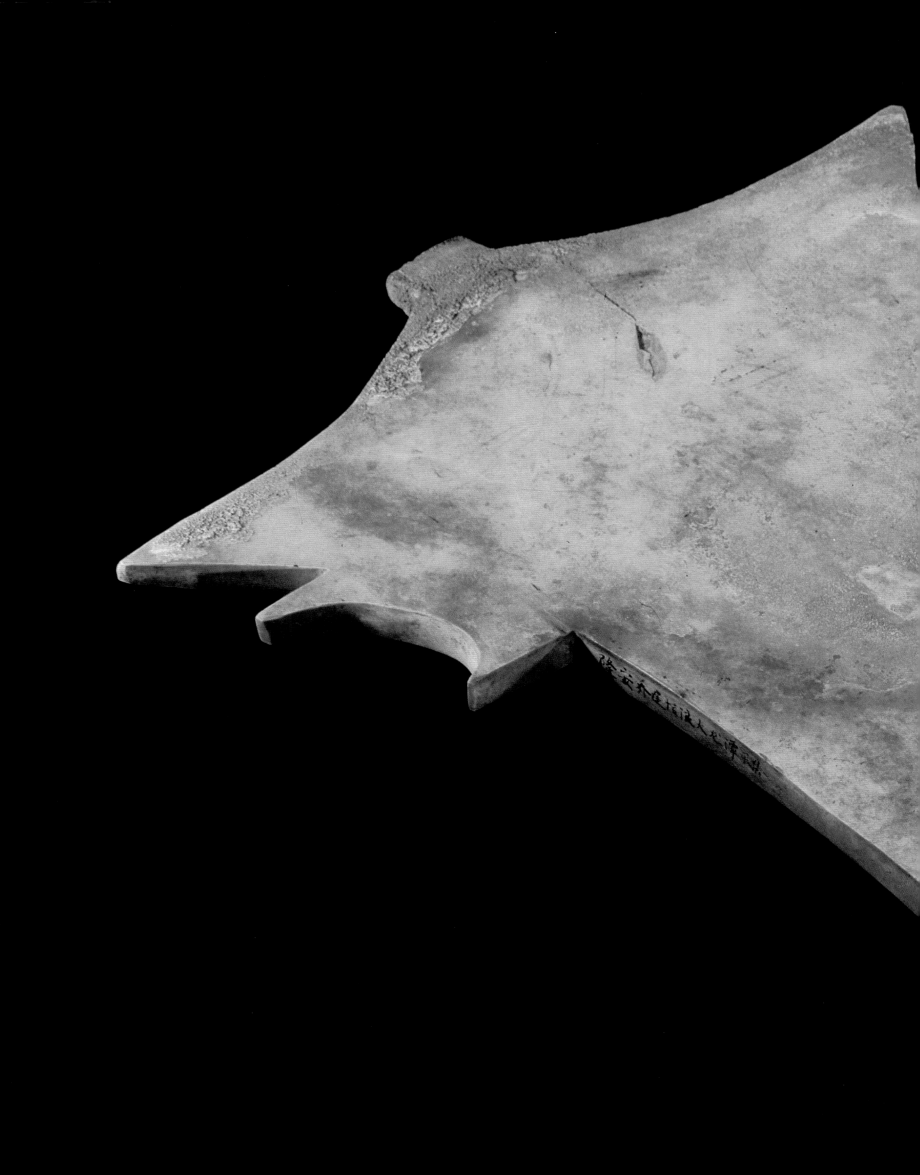

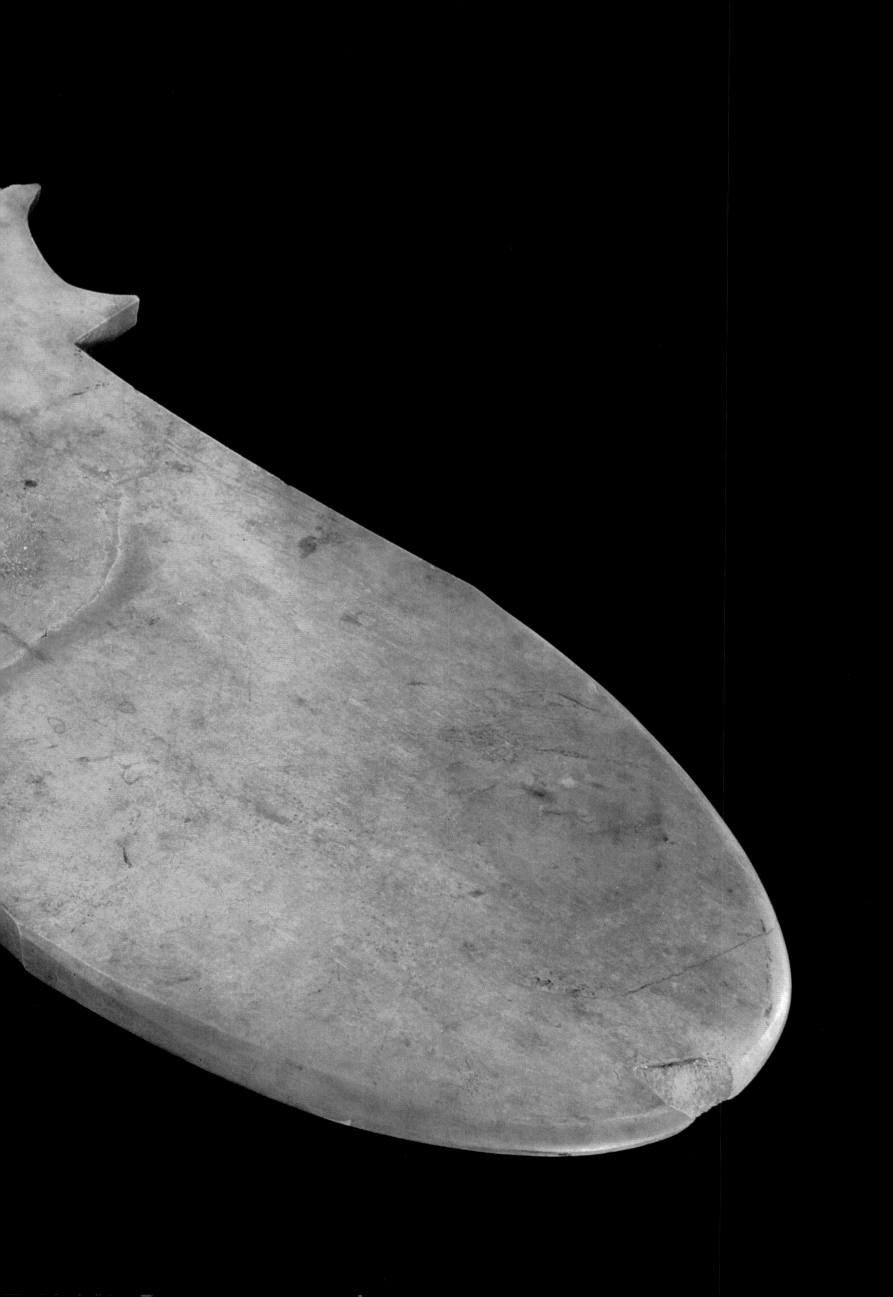

大石鏟　獸形玉飾　人面形玉佩

由於遠古先民不認識自然的客觀規律，以為是鬼神控制着世界，於是產生了祭祀活動，他們認為通過祭祀活動可以影響鬼神乃至自然界。

這個大石鏟是用頁岩磨製而成，這樣形製奇特，弧刃無鋒的石鏟做為工具不便使用。那碩大唬人的外形也許正是製作者的本意，在祭祀活動時擺上這樣一個大石鏟，會使天地間的鬼神都來認真地傾聽祭祀者的心願的。

此類玉飾，在紅山文化中曾多次發現。其形製基本相同，是一種獸首蟲身蜷曲成玦狀的抽象動物。從正面看，頭部似豬，兩耳豎起，兩眼相對圓睜。除了嘴部用透雕技法以外，其它部位都用細綾浮雕。其中的大孔和背上懸繩的小孔，都是用管加砂和水鑽成，圓滑規整。從遼寧省建平牛河梁石棺墓中獸形玉飾出土位置判斷，這種玉飾是懸掛在胸前的，常常是一大一小相配佩戴。推測這種玉飾不僅有裝飾作用，更主要的是祈求吉祥和護身，猶如護身符一般。有的學者認為這種獸形玉飾的形象是古代中國龍崇拜的祖型——豬龍。遠古時代，人們以豬為祭物，祈求農業的豐收。而後，豬被神化為龍，龍又演變為華夏的象徵，帝王的化身。這種觀點看來不無道理。

大溪文化是長江中游地區的新石器時代文化，因發現於四川省巫山縣大溪遺址而得名。是與仰韶文化同期的南方文化。

這件玉佩器形扁平，呈橢圓形。人面作正視，無耳，外有陰綾刻瓜子形人頭輪廓。為大溪文化所僅見，彌足珍貴。

004　大石鏟
新石器時代
長 66.4、寬 44.8 厘米
1979 年廣西壯族自治區隆安縣出土
廣西壯族自治區博物館藏

005　獸形玉飾
新石器時代紅山文化
（公元前 3500 年）
高 7.5 厘米
內蒙古自治區昭烏達盟
敖漢旗出土
內蒙古自治區昭烏達盟
敖漢旗文保所藏

006　人面形玉佩
新石器時代大溪文化
（公元前 4400——前 3300 年）
高 6、寬 3.6 厘米
1959 年四川省巫山縣
大溪遺址出土
四川省博物館藏

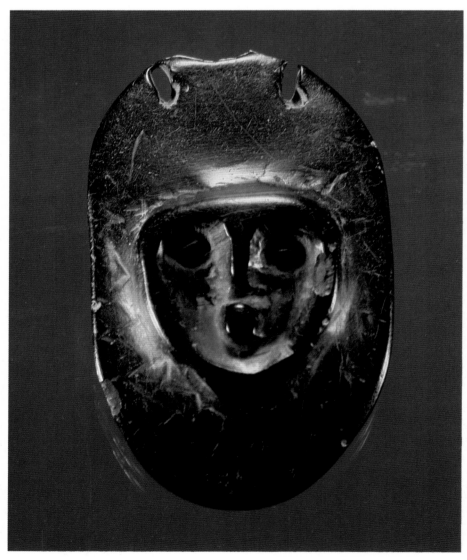

玉琮

玉質為黃白色,有不規則紫紅色瑕斑。器形呈扁矮的方柱體,內圓外方,上下端為圓面的射,中有對鑽圓孔,俯視如玉璧形。琮體四面中間由約五厘米寬的直槽一分為二,由橫槽分為四節。這件玉琮重約六千五百克,形體寬闊碩大,紋飾獨特繁縟,為良渚文化玉琮之首,堪稱"琮王"。

在四面直槽內上下各琢刻一神人與獸面複合的圖像,共八個,係首次發現。圖像用淺浮雕和細綫刻兩種技法雕琢而成。其主體為一神人,其臉面作倒梯形,圓眼重圈,兩側有小三角形的眼角,寬鼻以弧綫勾出鼻翼,闊嘴內牙齒畢露。頭上所戴,內層為帽,上綫刻卷雲八組;外層羽冠,高聳寬大,刻二十二組放射狀羽翎。神人四肢以陰紋綫刻而成,上肢作抬臂彎肘狀,手作五指平伸;下肢作蹲踞

狀,脚作三爪蹻曲。四肢上密佈由卷雲紋、弧綫、橫竪直綫組成的繁縟紋飾,關節部位均刻出外伸尖角。在神人胸腹部以淺浮雕琢出獸面,獸面的眼瞼、額、鼻上刻以卷雲紋、長短弧綫、橫竪直綫組成的紋飾。這種人與獸面複合的圖像是良渚人崇拜的"神徽"。

分為四節作角尺形的長方形凸面上,以轉角為中心軸綫向兩側展開,每兩節琢刻一組簡化的象徵性神人獸面紋圖案,四角相同,左右對稱。在獸面紋的兩側各雕刻一鳥紋,鳥的頭、翼、身均變形誇張,刻滿卷雲紋、弧紋等,可稱之為"神鳥"。與直槽內的神徽基本保持了同一格局,但省去了神人的四肢,冠帽作了變形,面部作了簡化,增加了一對神鳥。這種以轉角為中軸綫向兩側展開的簡化帶冠人面與獸面的組合紋是

007　玉琮
新石器時代良渚文化
(公元前 3300— 前 2200
年)
高 8.8、射徑 17.1—
17.6、孔徑 4.9 厘米
1986 年浙江省餘杭縣
反山 M12 出土
浙江省文物考古研究所
藏

良渚文化玉琮紋飾的基本特徵。圖案位於全器的四角,上下共八組,與直槽內的神徽並列呼應。

這件琮王出土時,平正地放置在反山第十二號墓墓主人頭骨的左下方,是一件神聖莊重的玉製禮器。

玉琮是中國古代玉器中重要而帶有神秘色彩的禮器,它的性質和作用一直是長期討論、懸而未決的學術問題。《周禮·春官·大宗伯》有"以黃琮禮地"說。還有的學者認為,玉琮外方而內圓,正合中國古代"天圓地方"之說,另外,根據原始民族中普遍存在的薩滿教義推測,其功用應是遠古時代巫師在占卜祭祀時,用以通天地,敬鬼神,具有宗教色彩的法器。

玉琮

良渚文化是因一九三六年發現於浙江省杭州市餘杭縣良渚遺址而得名。良渚文化的玉器製作在同時期的原始文化中，顯得十分突出，出現了"玉斂葬"。如寺墩三號墓中發現的隨葬玉琮、玉璧多達五十七件，

一個人能擁有如此多的玉器，說明當時已出現財富佔有的差別，氏族社會正走向解體。

這件玉琮玉質黃白色，呈長方柱體，中有圓孔，內圓外方。雕飾分為三節，刻陰綫神徽，與同墓所出"琮王"神徽類

同。整器製作規整，構圖嚴謹，對稱和諧，綫條流暢，可謂鬼斧神工，是良渚文化玉器中的上品。

008 玉琮
新石器時代良渚文化
（公元前 3300— 前 2200
年）
高 10、孔徑 6.6 厘米
1986 年浙江省餘杭縣
反山 M12 出土
浙江省文物考古研究所
藏

009 玉鉞
新石器時代良渚文化
（公元前 3300— 前 2200
年）
高 17.9、刃寬 16.8、厚
0.8 厘米
冠飾寬 8.4 厘米，端飾
寬 8.4 厘米
1986 年浙江省餘杭縣
反山 M12 出土
浙江省文物考古研究所
藏

玉鉞

　　這件玉鉞由冠飾、鉞身、端飾三件玉器爲主要部件，連接它們的木柄已腐朽不存，但根據墓穴中殘存的痕迹進行實測，全長約八十厘米。鉞在墓內位置偏於左側，大致推斷鉞的柄端握在墓主人的左手，鉞身在左肩部，冠飾在上。

　　鉞身係青色帶褐斑的軟玉精磨拋光製成，光潔閃亮。鉞有刃角，但無鋒口，無使用痕迹。尤爲獨特的是，在正背兩面刃部上角均飾一淺浮雕的神人獸面圖像，刃部下角飾淺浮雕的神鳥紋飾。其雕刻技法、形象、大小均與同墓所出土的大玉琮上的"神徽"相同，爲所有出土良渚玉鉞所僅見，堪稱"鉞王"，富有宗敎色彩，是良渚文化玉器中的瑰寶。

　　鉞是由作爲複合生產工具的帶柄穿孔石斧發展而來，逐步變成製作精緻，沒有使用價值的禮器，成爲當時特權顯貴的權杖和軍事首領的象徵物。文獻記載："湯自把鉞，以伐昆吾，遂代桀"；"(商王)賜(文王)弓矢、斧鉞，使得征伐，爲西伯"(《史記•殷本紀》)。"(武)王左杖黃鉞，右秉白旄以麾"(《尚書•牧誓》)。說明鉞是王權的象徵。追根溯源，這件反山十二號墓出土的玉鉞，正是最早的實例。

冠狀玉飾　錐形玉飾

玉質黃色。玉飾上端有一孔，下端榫上有四圓孔。正面雕刻簡化的神徽圖案，襯以卷雲紋，背面平整光素。

玉質白色，有淺灰和淺青色結晶。方柱形，上端鈍尖，下端琢有小短榫，榫上有兩面鑽成的小孔。器身刻兩組紋飾，每組爲四人面，二獸面，形成簡化神徽。刻工極其精細規整。

錐形玉飾是良渚文化典型器物之一。至於用途，說法不一，有髮笄說，砭石說，生殖崇拜偶像說。但從出土位置判斷，應是"髮笄說"較爲合理。

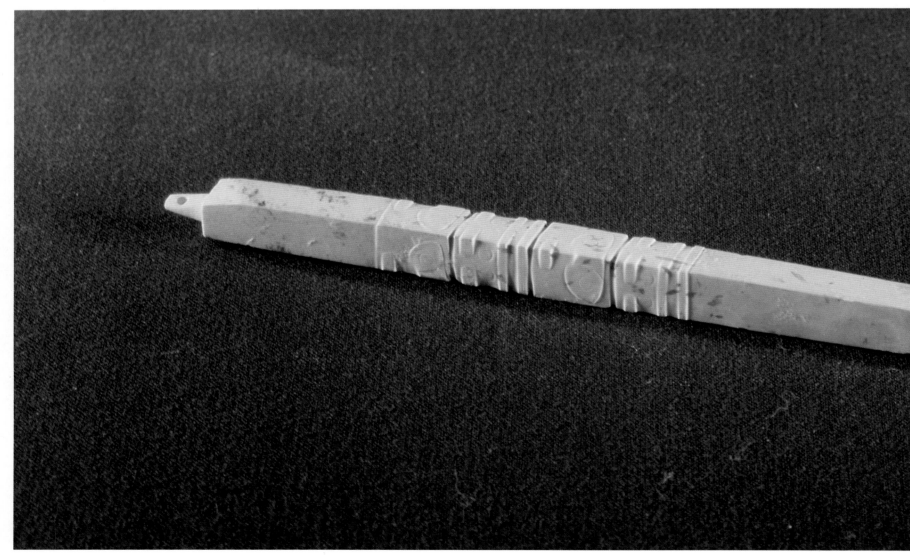

玉璜

010　冠狀玉飾
新石器時代良渚文化
（公元前 3300—前 2200
年）
高 6、上寬 9.2、下寬 7.5、
厚 0.4 厘米
1986 年浙江省餘杭縣
反山出土
浙江省文物考古研究所
藏

011　錐形玉飾
新石器時代良渚文
化（公元前 3300—前
2200 年）
長 18.4 厘米
1986 年浙江省餘杭縣
反山出土
浙江省文物考古研究所
藏

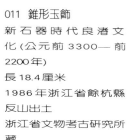

據史書記載，玉璜是古代
貴族朝聘、祭祀、喪禮時所用的
禮器，也作裝飾用。玉璜穿孔為
配飾物，又有佩璜之稱。

玉質黃色，有茶褐色斑。半
璧形，正面正中為獸面紋，兩角
為一對鳥紋，均用減地淺浮雕
琢成，形成神徽圖案。這件玉璜
為研究玉璜的起源提供了綫
索。

012　玉璜
新石器時代良渚文化
（公元前 3300—前 2200
年）
高 5.6、長 13.8、厚 0.7 厘
米
1986 年浙江省餘杭縣
反山出土
浙江省文物考古研究所
藏

玉串飾

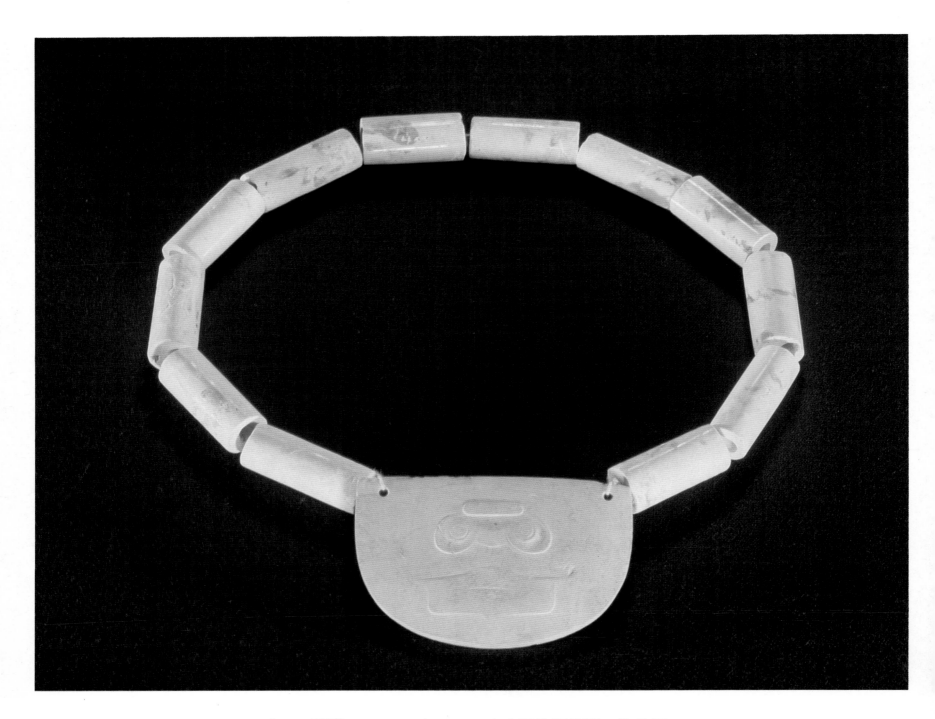

013　玉串飾
新石器時代良渚文化
(公元前 3300— 前 2200
年)
玉管長 2.7—3、直徑
1—1.1 厘米
半圓形玉飾高 4.2、寬
6.3 厘米
1986 年浙江省餘杭縣
反山出土
浙江省文物考古研究所
藏

　　由十二件玉管和一件半圓
形小玉飾串連而成。半圓形小
玉飾上雕刻簡化的神徽圖案。
出土時位於該墓冠狀玉飾的下
方。

玉象

014 玉象

商(公元前17世紀—前11世紀)

高3.3、長6.5厘米

1976年河南省安陽殷墟婦好墓出土

中國社會科學院考古研究所藏

註:中國古代葬俗,在葬於地下的棺外構築一個墓室。商代是用木材構築,戰國開始用石,秦漢磚室墓已成爲風尚。用木築稱爲椁,用石築稱爲"石椁",用磚築稱爲"磚椁"。

玉和寶石製品多出自商周墓,尤以大、中型貴族墓出土的數量爲最多。它們在墓葬中放置的位置似有一定規律:禮器類玉器和禮器類靑銅器放置在椁室(註)之內、棺椁之間或椁頂之上;裝飾類玉器大都放在墓主人的頭、頸、胸前、腰間及手腕等部位,大致與死者生前佩帶時的情形相同。

這件玉象玉料呈褐色。象鼻上舉再向內捲,口微張,似爲進食狀。大耳,無牙,四足短粗,身兩側及足飾以雙鈎雲紋,背及尾飾節狀紋。雕琢手法簡潔渾樸。婦好墓共出土兩件玉象,爲迄今所知最早的玉象。

玉鷹　玉螳螂　踞坐玉人

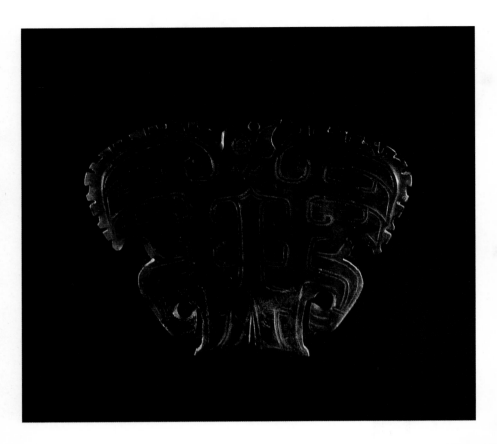

015 玉鷹
商(公元前 17 世紀 — 前
11 世紀)
高 6.2 厘米
1976 年河南省安陽殷
墟婦好墓出土
中國社會科學院考古研
究所藏

婦好是商代第二十三代王武丁的配偶之一。據甲骨卜辭記載，婦好生前深受武丁寵愛，地位顯赫，死後得到了厚葬的殊遇。婦好墓位於河南省安陽市小屯村西北部，一九七六年被發掘，是目前唯一能與甲骨文相印證而確定其年代與墓主身份的商代王室墓葬。墓中有各類精美的隨藏品：銅器、玉器、骨器、陶器、蚌器等共一千九百二十八件，是武丁時期的斷代標準器物。

這件玉鷹作展翅狀。正面雙綫雕出背翼，反面單綫雕出胸腹，啄上有小孔，用以佩飾。

婦好墓出土的玉器達七百五十餘件，是商代晚期玉器的代表。其中有用作禮器的琮、圭、璧、環、璜等；有儀仗用的戈、矛、戚、鉞、大刀等；生活用具臼、杵、調色盤、小刀、梳等；還有許多雕成人像和各種動物形象的裝飾品。這些裝飾品造型多樣，形態逼真，如這件螳螂雙翼並攏，兩隻刀足前屈，兩足間有小孔。造型精巧，頗具匠心。

016 玉螳螂
商(公元前 17 世紀 — 前
11 世紀)
長 6.8 厘米
1976 年河南省安陽殷
墟婦好墓出土
中國社會科學院考古研
究所藏

017 踞坐玉人
商(公元前 17 世紀 — 前
11 世紀)
高 7 厘米
1976 年河南省安陽殷
墟婦好墓出土
中國社會科學院考古研
究所藏

用黃褐色新疆玉雕成。跪坐，雙手撫膝。頭上戴箍形束髮器，接連前額上方捲筒狀裝飾，像一個平頂冠。頂露髮絲，上有左右對穿的小孔，似作插笄用。身着衣，領交於前胸。衣袖窄長至腕，腰束寬帶。衣下擺長至足部。衣上遍飾雲紋。腰左側插掛一長柄形器直至身後，尾端向上下捲起，飾卷雲紋和節狀紋。這件玉人的穿着打扮為研究商代的服飾提供了直觀的資料。

這件圓雕玉人是殷商造型藝術的代表作。它以豐富的想象和細膩的寫實相結合的手法，表現人物的狀貌。人體比例適當，表情生動，仿佛在凝神思索，又好像在期待、盼望。衣紋、髮絲乃至肌肉都用簡練概括的綫條表現，顯得自然、協調。足見商代晚期，玉雕工藝的成就之高。

玉鳳

玉鳳作側身回首狀，兩面均以陰綫浮雕出相同的紋飾，翅上還施以陽綫浮雕，輪廓綫條流暢優美。身前有鏤空孔，腰間兩側各有一外凸圓鈕，上有圓孔，可供佩掛。

鳳爲傳說中的吉祥之鳥。此玉鳳琢磨精巧，晶瑩鮮潤，風姿綽約，燦爛迷人，確爲商代玉器中罕見的佳品，亦是早期玉鳳的代表作。

018 玉鳳
商（公元前 17 世紀—前 11 世紀）
長 13.6、厚 0.7 厘米
1976 年河南省安陽殷墟婦好墓出土
中國社會科學院考古研究所藏

陰陽玉人

019 陰陽玉人
商(公元前 17 世紀──前
11 世紀)
高 12.5、厚 1 厘米
1976 年河南省安陽殷
墟婦好墓出土
中國社會科學院考古研
究所藏

為玉雕雙面裸體人立像。
兩面性別不同。玉人五官形貌
基本寫實,身體四肢略作變形。
腳下有短榫,可用以插嵌。男性
雙手置胯間,女性雙手捧腹,均
作顯示其性器官的動作。根據
遠古時代生殖崇拜的觀念,此
商代陰陽玉人兩性一體,自應
是求合之相。這是古代人類對
於子孫繁衍的祈望,是生殖崇
拜的藝術呈現。

玉蟠龍　玉羽人

係用呈墨綠色玉料圓雕而成。作蹲臥狀，大龍頭向上昂起，張口露齒，下頜正中有一上下對鑽的小孔。造型生動並富有立體感，雄健莊重，氣勢逼人。這件玉蟠龍已從原始社會只有身首的簡單造型，發展到有角、脊、爪和鱗，漸趨於所傳說的龍的形狀，是晚商時期最典型的玉龍。婦好墓中共出土九件玉龍，不同尋常。這似乎說明，當時龍已逐漸發展演變成為帝后王妃的符命。後代帝王自稱為真龍天子，可能即源於此時。

020　玉蟠龍
商(公元前17世紀—前11世紀)
高5.6、長8.1厘米
1976年河南省安陽殷墟婦好墓出土
中國社會科學院考古研究所藏

青田玉，棗紅色。出土於項鏈頂端右側。作側身蹲坐狀，兩面對稱。粗眉大眼，半環大耳，高勾鼻，戴高羽冠。頂後部用掏雕技法琢出三個相套鏈環。臂拳屈於胸前，蹲腿，腳與臀部齊平。腳底有短榫，榫部有橫凹槽，並攏的小腿下部有一斜穿孔。腰背至臀部陰刻鱗片紋和羽紋，肋下至腿部雕刻出羽翼。

羽人是神話中的飛仙。《楚辭‧遠游》:"仍羽人於丹丘兮，留不死之舊鄉。"王逸註:"《山海經》言有羽人之國。"說明先秦時代的神話中已有羽人。兩漢時期，道教形成，道士欲求飛升成仙，故崇尚羽人。

迄今為止，出土的各類有羽人形象的文物，一般不早於漢代，而這件玉羽人卻出自商代大墓，確實令人大開眼界。

021　玉羽人
商(公元前17世紀—前11世紀)
通高11.5、身高8.7厘米
1989年江西省新幹縣大洋洲商墓出土
江西省博物館藏

玉佩飾

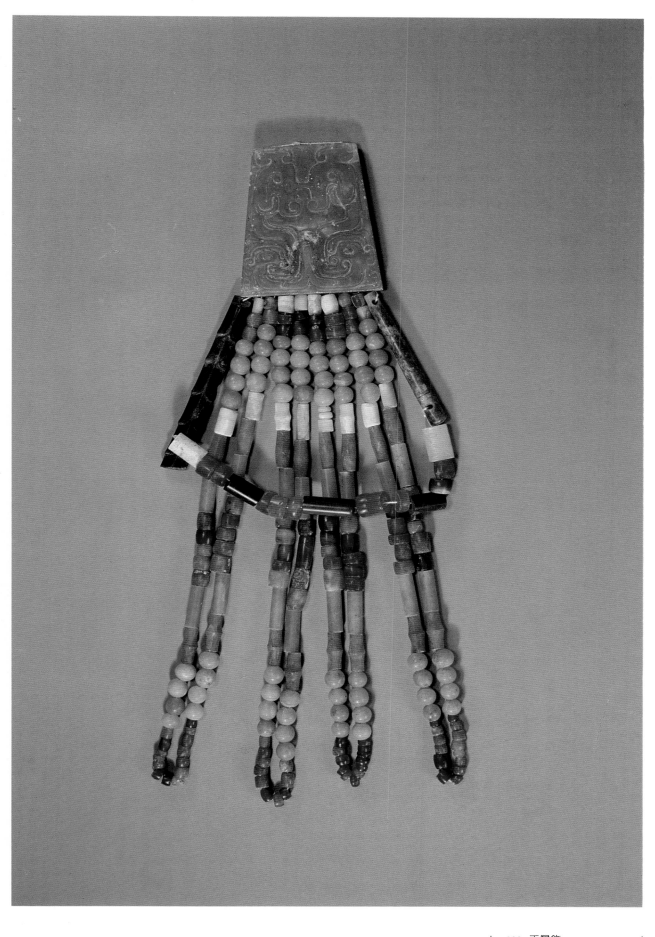

022 玉佩飾
西周 (公元前 11 世紀 —
前 771 年)
長約 30 厘米
河南省平頂山市應國墓
出土
河南省博物館藏

　　中國古代玉佩,用各種顏色的玉構成,所以也稱"雜佩"。這件玉佩則是我們看到的最早的玉佩。

　　這是在一塊梯形玉牌上連綴十串以玉珠、瑪瑙珠、骨珠等製成的串飾。出土於西周晚期應國墓地,位於墓主人的胸部。

曾侯乙編磬　龍鳳玉璧

　　磬是中國古代的一種重要的石質打擊樂器。

　　曾侯乙編磬分上下兩層懸掛，共三十二件，由石灰石、大理石製成，上面均刻有樂律文字。每磬一音，音域有三個八度以上，十二個連續半音排列齊全，可演奏五音、六音和七音樂曲。若與編鐘合奏，真可謂金聲玉振，相得益彰。

023　曾侯乙編磬
戰國 (公元前 475— 前 221 年)
磬架長 215、高 109 厘米
1978 年湖北省隨縣擂鼓墩曾侯乙墓出土
湖北省博物館藏

024　龍鳳玉璧
戰國 (公元前 475— 前 221 年)
直徑約 14.8 厘米
河南省洛陽市博物館藏

　　新石器時代良渚文化的大型玉璧和高矮不同的多節玉琮，標誌着治玉工藝已與石器製作相分離。新石器時代的玉器，藝術風格樸素雅拙。商周時代的玉器形象單純，神態突出，生動傳神。春秋戰國時期玉器有了廣泛的發展，各諸侯國競相碾治，工藝精湛。

　　這件龍鳳玉璧為青白色玉。璧緣外透雕對稱的雙龍雙鳳，璧面雕雲紋和蟠螭紋，穿內雕蟠龍。此璧造型奇特，綫條流暢，富有旋轉飛動之感。

三龍環形玉佩

025 三龍環形玉佩
戰國（公元前475—前221年）
直徑約6.4厘米
1974年河北省平山縣
中山國王陪葬墓出土
河北省文物研究所藏

墓主人是戰國時期一個小國的君主。隨葬器物多達萬件。玉器很少，但僅這一件從選料到加工，可以看出王室在生活上奢華的追求，同時顯示出工匠們的高超技藝。

這件三龍環形玉佩，玉料呈黃褐色。中央飾一繩索紋環，環外鏤雕三條形態相同的龍。三龍頭向一致，等距分佈。商周玉器紋飾簡練、刀工有力，而戰國玉器造型規矩，紋飾細膩。這一件玉佩正體現了兩種藝術風格的演變。龍的造形誇張，雕琢簡潔。

六博局石雕板

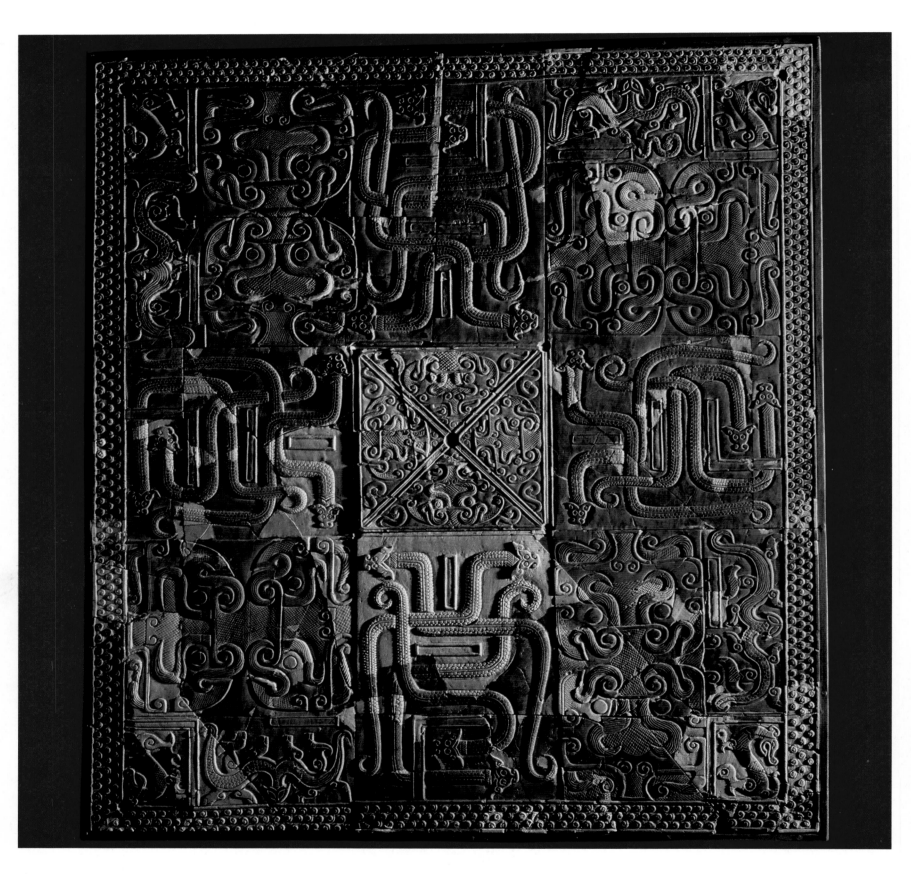

026 六博局石雕板

戰國 (公元前 475—前 221 年)

長 44.9、寬 40.1 厘米

1974 年河北省平山縣中山國王陪葬墓出土

河北省文物研究所藏

　　棋盤由黃褐色石板拼合而成。板面雕六博棋盤的規矩紋，猶如漢代之“規矩銅鏡”。在規矩紋下，滿飾蟠螭、獸面和虎紋等淺浮雕地。周邊飾渦紋，和當時的青銅器紋飾具有同一的風格。給人以富麗之感。

　　關於博棋戲資料，這些年來屢有發現，如湖南長沙馬王堆、甘肅武威、河南靈寶，有的是二人對棋，有的是全部棋具，尤其是馬王堆西漢墓所出棋具中的棋盤，十分具體。據此得知，過去所謂漢代“規矩紋鏡”，實際上是六博紋鏡。博局是博具的主要組成部分，此外還有十二棋子、六箸、一熒或二熒。它的發明很早，大約在商代就已經出現。春秋戰國時期，博戲更成為常見的娛樂活動。

金縷玉衣

這件金縷玉衣是中山靖王劉勝的殮服。其形體肥大，腹部突出，狀如人體，工藝複雜。可分為頭罩、上身、袖子、手套、褲筒和鞋六個部分。由二千四百九十八塊長方形、正方形、三角形和多邊形玉片組成，所用編綴金絲重約一千一百克。

玉衣出土時，在其頭部之下有一鎏金銅枕，長十七點六厘米、寬八點一厘米。其兩端飾以高昂的龍首，四矮足作龍爪形，以淺浮雕式圖案和雕玉為飾，造型精緻，裝飾華麗。枕中還實以花椒。

和玉衣同出的還有九竅玉塞，計有眼蓋一對，耳瑱一對，鼻塞一對，口琀一件，肛門塞一件，生殖器罩盒一件。葛洪《抱樸子》中所謂："金玉在九竅，則死人為不朽"，即指此而言。玉衣手套中還握有玉璜一件。

早在五千多年前，中國就開始用玉作為隨葬品。新石器時代晚期，江南太湖流域的良

渚文化和東北遼河流域的紅山文化的大型墓葬，均有大量精美的玉器隨葬品，多者達百餘件。玉衣的雛型是春秋戰國時期死者臉部覆蓋的"綴玉面幕"和身上穿用的"綴玉衣服"。

玉衣在西漢初年正式啓用，是皇帝和皇室達官貴人的特製殮服。在《漢書》中有"玉衣"、"玉柙"的記載。據《後漢書•禮儀誌下》記載，東漢皇帝死後穿金縷玉衣；諸侯王、列侯、始封貴人、公主，使用銀縷玉衣；大貴人、長公主用銅縷玉

衣。但實際上，往往有僭越的現象。本世紀六十年代末，滿城漢墓發掘的劉勝夫婦的兩套金縷玉衣，是中國考古工作者首次發現的保存最完整的玉衣。

古人認為，玉是山川之精英，金玉置於人的九竅，使人的精氣不會外泄，尸骨不腐，從而希冀來世再生。玉衣的製作耗費驚人，據估算，一件玉衣約需十萬個工日。

以玉衣為殮服的制度，到曹魏時代才予以廢除。

027　金縷玉衣
西漢（公元前 206—公元 25年）
長 188 厘米
1968 年河北省滿城縣中山靖王劉勝墓出土
河北省博物館藏

金縷玉衣

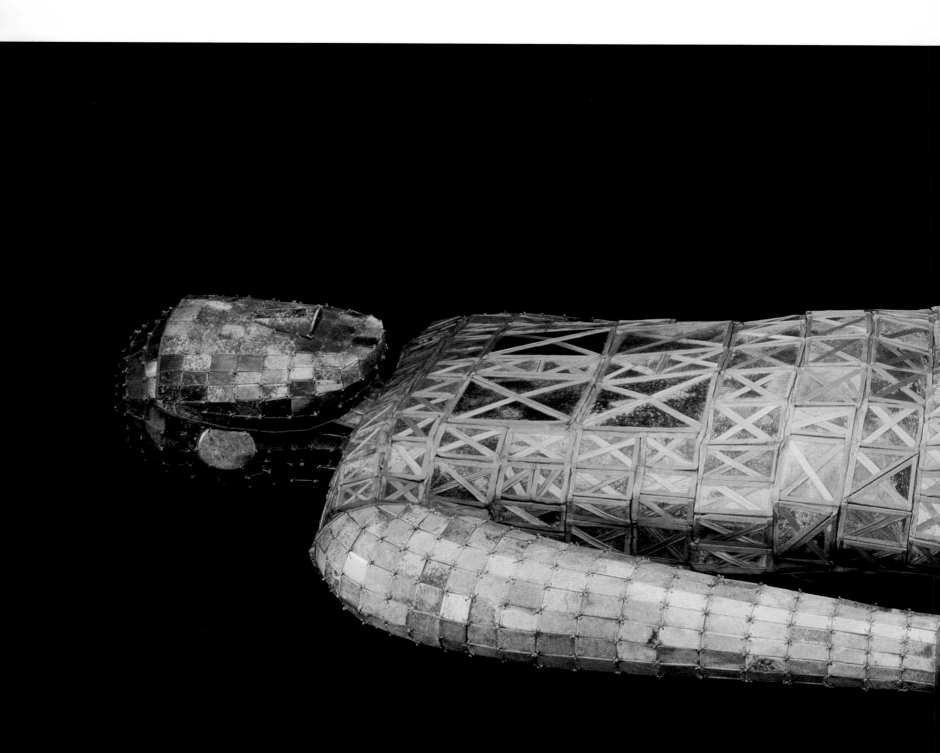

這件玉衣形似人體，分為頭罩、上身、袖子、褲筒、手套和鞋六個部分。由金絲將二千一百六十塊玉片編綴而成，所用金絲重約七百克。

一件玉衣的製作要經過設計、選料、開片、鑽孔、磨製、拋光、編號、拉絲、組裝、成形等多道工序。竇綰的玉衣比劉勝的小，製作精細，但沒有顯出女性形體的輪廓，可能是出於對女性身體的避諱。

028 金縷玉衣
西漢 (公元前 206—公元 25 年)
長 172 厘米
1968 年河北省滿城縣中山靖王劉勝妻竇綰墓出土
河北省博物館藏

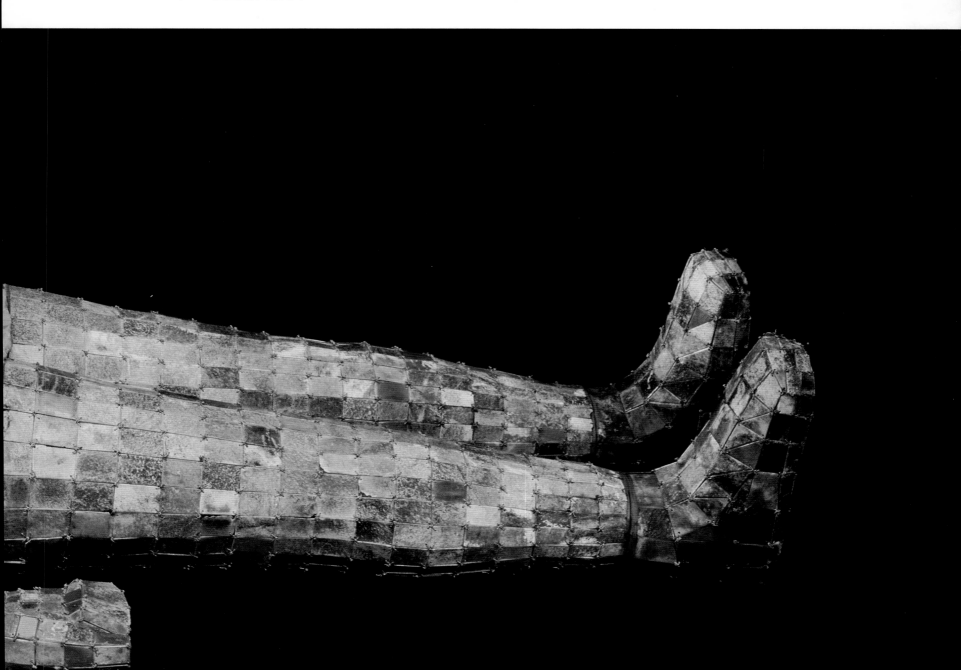

羊脂玉羽人飛馬

029 羊脂玉羽人飛馬
西漢（公元前 206—公
元 25 年）
高 7、長 8.9 厘米
1966 年陝西省咸陽市
漢昭帝平陵附近出土
陝西省咸陽市博物館藏

　　白玉質。圓雕而成。馬昂首
挺胸，雙目前視，兩耳豎立，身
飾羽翼，足踏流雲紋底板，似遨
游於太空。馬背騎羽人，長耳、
尖嘴、長髮後披，背有羽翼，神
態飄然。此器雕琢絕佳，實屬漢
代玉器中之極品。

　　昭帝平陵現在尚未進行考
古發掘，此羽人飛馬玉器可能
是早年盜墓人遺落的墓中之
物。

玉人　青玉枕

030 玉人
西漢 (公元前 206— 公
元 25 年)
高 5.4 厘米。
1968 年河北省滿城縣
中山靖王劉勝墓出土
河北省博物館藏

玉質潔白晶瑩。圓雕而成。臉型瘦長，長眉短鬚，束髮於腦後。頂戴小冠，冠帶繫於頷下。身着寬袖右衽的長衣，腰間繫斜方格紋帶。正襟危坐，雙手置於几上。底面陰刻五行隸書銘文"維古玉人王公延十九年"。玉人發現於棺槨之間。是瞭解當時衣着冠束的珍貴實物。

031 青玉枕
西漢 (公元前 206— 公
元 25 年)
長 34.7、寬 11.8、高 13
厘米
1959 年河北省定縣北
莊漢墓出土
河北省博物館藏

玉質灰綠色。體積碩大，表面琢製光滑，中部稍凹，枕面及兩側淺刻變形雲紋。這樣大的玉枕可稱為玉枕之王。

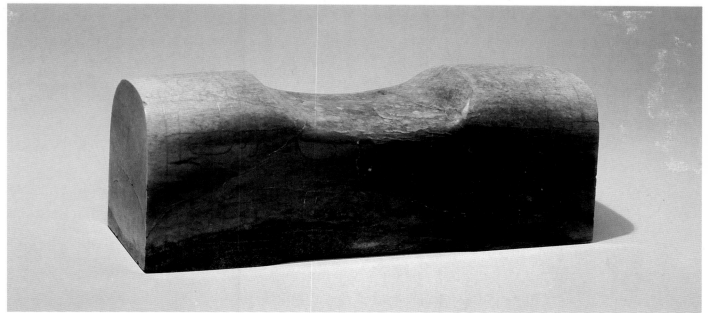

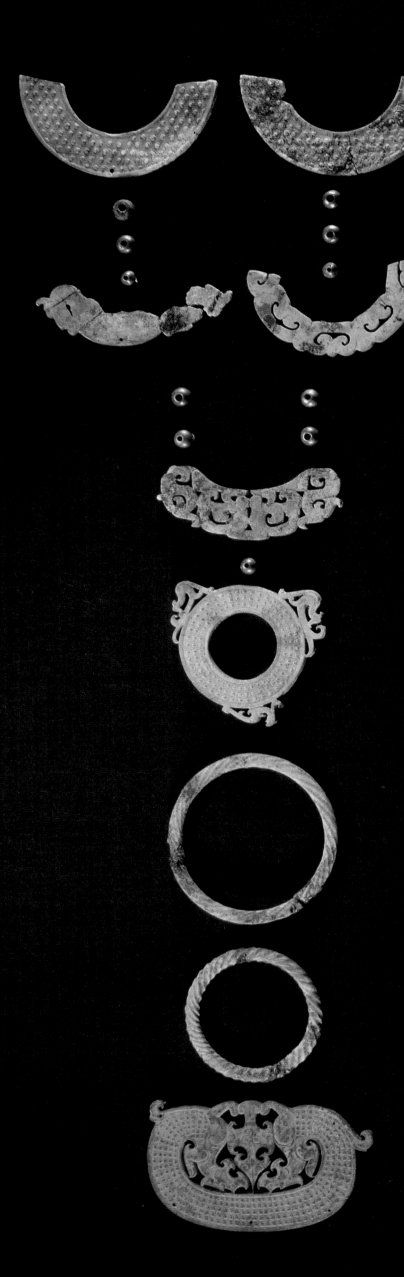

玉佩飾　玉杯

032 玉佩飾
西漢 (公元前 206— 公
元 25 年)
1983 年廣東省廣州市
南越王墓出土
廣東省廣州市南越王墓
博物館藏

註：秦始皇三十三年(公
元前二一四年)統一嶺
南地區，置桂林、南海等
三郡。秦二世時，趙佗繼
任南海尉，後來據三郡
建南越國，自立為南越
王，都城在番禺(今廣州
市)。趙　是第二代南越
王。

　　從南越王趙眜(註)墓中，出
土了一批精美絕倫的玉器，再
現了漢代玉器的風采。其中這
套玉佩飾，由乳釘紋玉璜、弧形
鏤空玉飾、三螭乳釘紋玉璧、繩
紋玉環以及橢圓形雙龍玉飾組
成，其間並有銅珠連綴，亦可算
為上乘之作。

033 玉杯
西漢 (公元前 206— 公
元 25 年)
高 11.3、口徑 4.5 厘米
1976 年廣西壯族自治
區貴縣出土
廣西壯族自治區博物館
藏

　　由一塊淺褐色半透明玉雕
琢而成，直口，深腹，小底，空心
高足，器身雕勾雲紋和乳釘紋。

獸面紋靑玉鋪首

　　鋪首是嵌在門上的裝飾品。靑玉質，似藍田玉。器形厚重，雕刻精美。它可能是漢武帝茂陵地下建築大門的飾物。這件玉鋪首是一猛獸頭像，瞪目捲鼻，牙齒外露，表情凶猛。獸面上還雕刻着象徵四方的靑龍、白虎、朱雀、玄武形象。背面有突出的長方鼻鈕，上有穿孔，可以穿環。製作者將獸面刻劃得非常凶猛，以達到守衛門戶的作用。鋪首四周所雕四獸是古人視爲四神的吉祥物，可以辟邪。這樣大型的玉鋪首，是前所未見的。

034 獸面紋靑玉鋪首
西漢(公元前 206—公元 25年)
高 34.2、寬 35.6、厚 14.7 厘米
1975 年陝西省興平縣茂陵附近出土
陝西省博物館藏

035 雕龍靑玉璧
東漢(公元 25—220年)
高 30、直徑 24.4、厚 1.1 厘米
1969 年河北省定縣北陵頭村中山穆王劉暢墓出土
河北省定州市博物館藏

　　玉璧是古代王公貴族用以祭天地、禮祖先的禮器，還作佩玉用。

　　玉料呈靑色。璧身滿飾凸起的乳釘紋，兩側鏤雕一螭一龍，上部鏤雕一螭一龍銜環，間有雲氣紋。各螭龍均用細微的陰綫刻劃五官及足爪，玲瓏剔透，作工極爲精美。爲漢代玉璧之瑰寶。

雕龍青玉璧

雕龍青玉璧

飛熊玉水滴

新疆和田玉製品。造型爲
中空的坐姿飛熊，頭頂部開圓
孔，上置銀蓋，熊背有雙翼，右
前掌托靈芝草。此器屬文房用
具。

036 飛熊玉水滴
東漢(公元 25—220 年)
高 7.7 厘米
1984 年江蘇省邗江縣
出土
江蘇省揚州市博物館藏

盤龍石硯

在漢代，硯的使用已經相當普遍。近年來，漢代石硯也屢有發現，但像如此精美，堪稱石刻藝術珍品的石硯却不多見。在硯蓋中心，有一圓形蓋鈕，鈕上連弧紋之中刻一隸書"君"字。圍繞蓋鈕，有六條飛龍交相盤繞，龍頭都朝向蓋鈕，形同群龍戲珠。硯下有三足，均雕作異獸，獸作奮力承托硯身狀。硯底中間刻圓形渦紋，正中心刻篆書"五銖"二字。在硯蓋內有一圓形凹窩，在硯面一側刻有一耳杯，耳杯之內爲橢圓形凹窩，這兩處凹窩，應是放置墨丸和研石用的。硯面周邊與硯蓋扣合處綫刻一周隸書銘記"延熹三年七月壬辰朔七日丁酉君高遷刺使二千石三公九卿君壽如金石壽考爲期永典啓之研直二千"。其意爲：在漢桓帝延熹三年(公元一六〇年)七月七日，硯的主人高升爲刺史，年俸爲二千石糧食，成爲朝廷重臣，希望他的壽命如金石般長久，永遠使用這價值二千錢的石硯。這方石硯造型莊重典雅，刻工精湛，並刻有明確紀年，具有很高的歷史和藝術價值。

037 盤龍石硯
東漢(公元 25—220 年)
直徑 33.3、高 18.2 厘米
1978 年河南省南樂縣出土
河南省博物館藏

石辟邪　石雕蹲獅

從漢代始，中國帝王陵便以雙闕作為墓地的大門。在通向墳丘的大路兩旁是石頭雕刻的人像和動物，然後是祭祀用的房屋，祠堂，記述墓主家世、經歷的墓碑。以後，中國的帝王陵雖有發展，但基本上沿用了這個格局。

辟邪是古代傳說中的神獸，據說可以震懾邪惡驅除不祥。常以石雕其形象立於宮門或陵墓之前作為守護之神。這件辟邪身似虎豹，額長雙角，頷有長鬚，身生羽翼，長尾拖地，昂首長嘯，體態矯健，動感強烈，充分體現出漢代深沉雄大的時代風貌。

038　石辟邪
東漢 (公元 25—220 年)
高 114、長 175、寬 45 厘米
河南省伊川縣出土
河南省洛陽市關林石刻藝術館藏

039　石雕蹲獅
北周 (公元 557—581 年)
高 25.3 厘米
1955 年陝西省西安市出土
陝西省博物館藏

這尊白石圓雕的蹲獅，形體雖小，却神態軒昂。它仰首凸胸，前肢斜撐，雄勁有力，顯得十分健美、威風，為小型石雕中的精品.

金扣白玉杯　鑲金瑪瑙牛首杯

040　金扣白玉杯
隋(公元581—618年)
高4.1、口徑5.6厘米
1957年陝西省西安市
李靜訓墓出土
中國歷史博物館藏

　　隋代結束了中國南北對峙，四分五裂的局面，重新走向統一、昌盛。玉器工藝也有了很大的發展，玉器從禮器、裝飾品的製作轉向實用器皿。

　　這件金扣玉杯沿口部外有一零點六厘米寬的鑲金邊。玉杯通體光素無紋，但柔和的光澤，溫潤的質地，使此杯顯得那樣晶瑩、典雅，成為隋代玉器的代表作。金扣玉杯利用不同的質地、色彩、光澤交相呼應，寓意着"金玉滿堂"。墓主李靜訓出身皇族，死時才九歲，但隨葬品非常豪華、豐富，這件金扣白玉杯便是隨葬品之一。

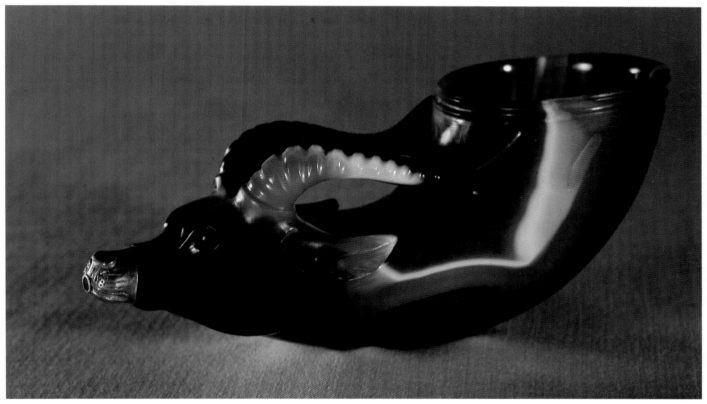

041　鑲金瑪瑙牛首杯
唐(公元618—907年)
長15.5、口徑5.9厘米
1970年陝西省西安市
何家村出土
陝西歷史博物館藏

　　這是迄今所見唐代唯一的一件俏色玉雕，製作亦最為精湛。係選用極為罕見的紅色瑪瑙琢製而成。瑪瑙是玉髓的一種，中國瑪瑙色澤以白、黃居多，淡青其次，而紅色瑪瑙極難見到。魏文帝曾說過：瑪瑙出自西域，紋理交錯。像這樣一塊紅色夾心雜色瑪瑙，應產於西域。此杯的作者獨具匠心，因材施

藝，藝盡其材，充分利用了玉材的自然紋理，碾琢成這一高貴典雅，形象可愛的玉杯。

　　這件國寶，既是財富和權勢的象徵，又是一件華美的藝術品。有可能是一件珍貴的國禮。從同出的器物看，何家村唐代窖藏是一個世界文物寶庫，除中國的文物外，還有東羅馬、波斯、日本等國的金銀幣。此杯

可能是和東羅馬、波斯金銀幣一起，被使者或巨商帶到長安的。據《舊唐書》記載，開元六年(公元七一八年)，康國(今獨聯體烏茲別克共和國撒馬爾罕一帶)遣使獻瑪瑙杯；天寶六年(公元七四七年)波斯遣使獻瑪瑙床。可以作為佐證。

白石不動明王造像　白石菩薩立像

這尊造像依石形自然雕成火焰背光，不動明王面如童子，三頭八臂，高束髮，上有一小坐佛，右上手高舉金剛杵，右中手持劍，右下手持矢，左上手持戟，左中手持弓(殘缺)，左下手持羂索，上身袒露，胸前佩項飾，瓔珞由雙肩下垂，飄帶繞身，安坐於磐石上。整體造型出神入化，動中有靜，渲染了佛教密宗的神秘與巨大的法力，具有強烈的藝術感染力。

042 白石不動明王造像
唐(公元 618—907 年)
高 88、寬 48 厘米
1959 年陝西省西安市
唐安國寺遺址出土
陝西省博物館藏

這尊造像雖已殘損，但仍不失為盛唐時期雕塑藝術的傑作。由於作者深諳人體結構，掌握了準確的比例，運用純熟的刀法，雕刻出這尊優美的藝術形象。這尊白石菩薩立像在造型風格上似與敦煌莫高窟盛唐時期的泥塑接近。她那豐腴潤澤的肌膚，輕薄透明的紗巾，均具有強烈的質感，顯得和諧而富有韵律，千載之下仍具有藝術魅力。被譽為"中國維納斯"，給人以永恆的美的享受。

043 白石菩薩立像
唐(公元 618—907 年)
殘高 110 厘米
1959 年陝西省西安市
唐大明宮遺址出土
陝西省博物館藏

石佛坐像　石雕觀音菩薩頭像　白石菩薩頭像

044 石佛坐像
唐(公元 618—907 年)
高 79 厘米
山西省芮城縣出土
山西省芮城縣博物館藏

這尊青石佛造像顯示了唐代雕塑藝術的水準,其造詣之高已近乎完美。作者運用流暢、遒勁、優美的綫條,以形寫神,使端坐在束腰蓮座上的佛具有一種內在的法力。蓮座邊緣刻有"長安三年"等銘文。

四川石刻,多採用赤色盆地中的紅砂岩石,而石刻造像藝術則繼承綜合了四川漢代石刻畫、陶俑、畫像磚的優良傳統。這件菩薩頭像以軒昂的秀眉,細長的杏眼,高與額齊的鼻梁,上翹的嘴角,表達出溫婉的情意,富有魅力。是四川古代石雕藝術的代表作。

045 石雕觀音菩薩頭像
唐(公元 618—907 年)
高 41 厘米
1954 年四川省成都市
萬佛寺遺址出土
四川省博物館藏

這尊菩薩頭像,曲眉豐頤,濃髮高髻,完全是一個盛唐時期典型的美人形象,也是菩薩像中國化後的成功作品。這尊雕像刻工細膩,刀法精煉,雖已殘損,尚可傳神,在藝術上達到了爐火純青的境地。

046 白石菩薩頭像
唐(公元 618—907 年)
高 15.7 厘米
1959 年陝西省西安市
唐安國寺遺址出土
陝西省博物館藏

白石觀音菩薩坐像　白石武侍俑

　　唐代佛教的盛行給後代留下了大量的佛教造像，這件出自皇宮遺址的石雕觀音即是其中的精品。這尊菩薩頭戴寶冠，上刻阿彌陀佛像，胸飾瓔珞，手持蓮蕾，趺坐於蓮臺之上，面容豐腴，天衣繞身，表現出莊嚴慈祥而雍容華貴的氣派。蓮座為束腰形，上部仰蓮三重，中部蓮梗曲繞，並以蓮苞點飾其間，下部為一重複蓮。基座分格浮雕伎樂飛天。藝術風格充分體現了整體與局部的和諧統一。

047　白石觀音菩薩坐像
唐（公元 618—907 年）
高 73 厘米
陝西省西安市唐興慶宮
景龍池遺址出土
陝西省博物館藏

048　白石武侍俑
唐（公元 618—907 年）
高 40.2 厘米
1958 年陝西省西安市
楊思勖墓出土
中國歷史博物館藏

　　這尊武侍俑頭戴長腳幞頭，身着圓領缺胯袍，束帶，着長靿靴。腰左側帶劍、彎刀、弓及韔（弓袋），右側繫胡祿（箭筒）。另外，肩的前後還帶有一套類似的武器，唯缺箭與胡祿，但製工更為精緻，應是武侍為其主人準備的。此武侍俑的神態既威武又恭順，衣物的質感逼真，時代氣息濃厚，是古代石雕藝術的佳作。

陶器篇

導言

陶器在中國具有悠久的歷史。它的出現標誌着新石器時代的開始，是一項劃時代的發明創造。在舊石器時代，先民們只能對木、石、骨等天然材料進行加工，將其製作成器具，而不能改變材料的化學成分。當先民們經過長期的觀察和實踐，發現塗有粘土的編織籃子經過火燒後不透水，可以用來作容器，於是，他們得到了啓發，把粘土用水濕潤，塑製成型，再經高溫焙燒，改變其化學成分，使之成爲胎體堅固的器具，這樣便產生了陶器。陶器的出現標誌着人類進入了一個新的歷史階段，並開創了人類最初的遠古文化。陶器不僅是實用的生活用具，而且是具有高度藝術價值的珍品。

那麼，中國最早的陶器出現於何時呢？中國古代有着“黃帝以寧封爲陶正”(黃帝命寧封爲製陶的官)、“舜陶於水濱”(舜在水濱製陶)等傳說。然而，從近幾十年考古發掘的情況看，目前發現的最早陶器實物，要比傳說中的“黃帝”時代早三四千年。在江西省萬年縣仙人洞、河南省新鄭縣裴李崗及河北省武安縣磁山等新石器時代遺址中發現的早期陶器，其年代距今約有八千年。早期陶器質地粗糙鬆散，器壁薄厚不勻，器形和裝飾也都比較簡單。但其中也有較生動的造型，如羊頭、猪頭陶塑及彩陶殘片，這些又似乎表明當時的製陶業並非剛剛問世。

當新石器時代邁過艱難的初期階段後，隨着原始農業的發展，先民定居生活的進一步穩定，陶器也進入了繁榮昌盛期。目前發現的新石器時代遺址已逾六千，陶窰數以百計，陶器則難計其數。這些遺址的分佈，以黃河流域、長江流域最爲密集，其次爲周圍地區。

這個時期的陶器用途廣泛，種類繁多。有存貯用的瓮、罐、尊、盆；蒸煮用的鼎、甑、鬲、鬹、甗；飲食用的碗、盤、杯、缽、壺、瓶，其名稱、器類達數十種。此外，還有喪葬用的瓮棺、慶典用的陶鼓以及各種陶塑。

陶器因土質的差異，燒製溫度及技藝的不同，而呈多種顏色，主要有紅、灰、黑、白幾大類。當陶器的製作日趨成熟，古代先民就不再滿足於僅僅實現陶器的實用功能，而把自己在長期勞動實踐中對生活的觀察、體驗，用自己的審美觀念，在紅陶器上用礦物顏料描繪出來。其畫面多爲動物、植物，以及變化多樣的幾何圖形。這些圖像筆法流暢，技藝嫻熟，這就是聞名於世界的“中國彩陶”。以後，隨着灰陶、黑陶的出現，先民們又以刻劃、椎刺、模印、堆貼、鏤空等方法給陶器加上繩紋、籃紋、弦紋等多種紋飾，使陶器更臻精緻美觀。

一九二一年在河南省澠池縣仰韶村首次發現了一批彩陶，距今約六千年。它所代表的史前文化，被稱爲“仰韶文化”。新石器時代的陶器以仰韶文化半坡類型彩陶最爲著名。那植物的枝葉和花瓣，跳躍的鹿，飛翔的鳥，都栩栩如生，其彩繪顯得筆觸粗放、手法洗練。人面魚紋盆是其中的代表作，紋飾繪在陶盆內壁，人面兩嘴角各含一條魚，兩耳邊各繪一條魚，富有濃郁的生活氣息。位於甘(肅)、青(海)地區新石器晚期的馬家窰文化彩陶，以繁複華美的紋樣，爲彩陶藝術增添了異彩。屬於這一文化的舞蹈人物彩陶盆上的彩繪舞蹈人物，是中國最早的人物畫傑作，堪稱藝術珍品。

除去諸多彩陶，山東的大汶口文化中發現了堅硬緻密的白陶。稍晚的山東龍山文化先民創造出了薄如蛋殼，黝黑光亮的黑陶，它厚度僅一毫米，故有“蛋殼陶”之稱，是古代原始製陶工匠的傑作。

在已發掘的陶器中，有數量衆多的陶塑，如人頭、人型、猪、羊、魚、鳥等，還有將陶塑與日用陶器結合在一起的鷹形陶鼎、人頭陶瓶、狗形陶鬹等。這些陶塑藝術品大多逼眞生動，富於表現力，顯示出先民對生活的熱愛和豐富的創造才能。有的陶塑和彩陶還表現了原始宗教和圖騰觀念。如遼寧省發現的紅山文化的女神像、孕婦像和新石器文化遺址中常見的陶祖，都反映了人們對生殖的崇拜。仰韶文化彩陶中的人面魚紋、鸛魚石斧圖也都具有神秘的意味，引人遐想。

新石器時代的陶器以流暢的造型，豐富的色彩，精美的彩繪，韻律極強的紋飾爲人類留下了寶貴的文化遺產。

由於靑銅器的興起，從商周到春秋戰國的一千餘年中，陶器的重要地位逐漸爲靑銅器所替代。作爲國家權力和貴族財富、地位象徵的靑銅器，已成爲國事活動和上層社會不可或缺的重器。但在日常生活中，陶器卻應用得更爲廣泛了。不僅數量增多，質量也有所提高，新的器形不斷湧現。這時的陶器以灰陶爲主，有的陶器的形製、紋飾、彩繪往往模仿靑銅器，其精品可以與靑銅器媲美，連王侯貴族也樂於使用。河南省安陽殷墟曾發現過數件非常精緻的商代白陶與黑陶器皿，戰國中山王墓中也發現過一批極爲精美的磨光黑陶器，它們都代表了當時製陶業的最高水平。

一九七四年夏，在陝西省臨潼秦始皇陵東側，發現了震驚世界的秦始皇兵馬俑坑，這裏有約爲七千的兵馬俑組成的威武軍陣，拱衛着秦始皇的陵墓。其規模之大、數量之多、製作之精、技藝之高，若非重見天日，實在令人難以置信。這些兵馬俑的設置完全仿照眞正的軍隊，而指揮官和每個士兵的面容神態都顯露出不同的性格特點，他們的髮髻鬚眉、衣履鎧甲都塑造得極為精細，一絲不苟。陶馬都健美俊逸，栩栩如生。秦始皇兵馬俑為後人展示了從未見諸記載的秦代無名陶塑工匠的高超技藝和輝煌成就，在中國陶塑藝術史上譜寫了輝煌的篇章。

到了漢代(公元前二〇六年至公元二二〇年)，陶器已成為商業化產品。但王侯貴族之家仍使用製作精美、彩繪富麗堂皇的陶器。同時，被稱為"秦磚漢瓦"的建築用陶——宮室建築的瓦當、花紋磚和墓葬中使用的空心磚、畫像磚被大量應用。它們通常被模印、刻劃出種種花紋和圖像，其內容包羅萬象：瓦當上多為鳥獸、雲氣和吉祥文字；畫像磚的圖像則以農耕漁獵，宴飲伎樂、出行享樂及諸多神話仙人為主要題材。它們製作精巧，內涵豐富。漢代製陶業的一大進步是低溫釉陶的發明。其燒製的溫度是七百至一千度之間，熔劑為鉛，當溫度為七百度時，即可將玻璃質的釉熔化，燒出翠綠、粟黃、醬褐色等各種鮮亮的顏色，給露胎的陶器加上一層光潔瑩亮、熠熠生輝的外衣，使流行千年的紅陶、灰陶的顏色大為改觀。釉陶物美價廉，作為隨葬品迅速流行。由於漢代風行厚葬，冥器製作便應運而生。陶塑冥器幾乎囊括了死者生前所擁有的和幻想的一切：從事各類僕役的陶俑，牲畜家禽，水田塘榭，樓閣塢堡，宅院倉廁乃至豬圈雞舍、燈盎竈井等，可說是應有盡有。如此廣泛的題材，使陶塑匠師能大顯身手，精心創製。在眾多的漢代陶器中，精美奇特，令人讚嘆的藝術珍品層出不窮，展現出漢代文明的雄渾、璀璨，並為研究漢代經濟生活和文化藝術提供了重要的形象資料。

在繁榮強盛的唐代(公元六一八至九〇七年)，出現過許多完美卓絕的陶塑藝術品，其中最具代表性的就是舉世聞名的唐三彩。過去，唐三彩從未見諸文字記載，但自從本世紀二十年代被發現後，頓時蜚聲中外。唐三彩是在漢代釉陶的基礎上，燒製出以黃、綠、白三色為主的三彩釉。實際上它的釉色不止於這三色。唐三彩在燒製時，其釉液流動浸漫，燒成後釉色變幻豐富，斑駁璀璨，顯得流光溢彩，典雅華貴，烘托出盛唐的氣象。唐三彩出現於盛唐時代的兩京——長安和洛陽。它的興盛與唐代厚葬之風分不開。其主要作用是作為隨葬品。其中一類製成日用器皿，如壺、罐、杯、盤等數十種。另一類為陶塑，如各類人物：恭謹的文史，威武的將軍，豐腴的貴婦，高鼻多鬚的胡人等。還有各種畜禽，如馬、駱駝、牛、狗、雞、鵝等。其中最負盛名的當屬馬、駱駝和仕女。這與唐代的風尚和"絲綢之路"的繁榮有着密切的關系。那些俊逸傳神的馬和駱駝代表着唐三彩的高度藝術水平。如三彩駱駝載樂俑，駝背上五個俑中就有三個高鼻多鬚的胡人，既顯現出當時胡漢雜處的風情，又是盛唐樂舞藝術的形象記錄。唐三彩可以說是中國古代陶塑藝術的完美燦爛的尾聲。

唐代以後，陶器和陶塑在中國古典藝術中不再佔有重要的位置。但數千年來眾多的無名藝術家用泥土、水、烈火創造的大量的藝術瑰寶將萬世永存。

殷稼，男，一九五二年生於北京市。一九八二年畢業於西北大學歷史系考古專業。曾在文物出版社《文物》月刊擔任編輯。一九八七年被聘為助理研究員。現為中國文物交流中心展覽處副處長。曾參與組織籌備赴新加坡"漢代文明"、"唐代文明與絲綢之路"等展覽以及赴日本"中國博物館藏古代玻璃器、金銀器展覽"，並撰寫或主編了有關的展覽圖錄。還曾參加撰寫《中國考古重大發現》、《中國古代的十八般兵器》等書。

猪紋陶缽

河姆渡文化因首先發現於浙江餘姚縣河姆渡村而得名，是中國迄今已發現的新石器時代最早的主要遺址之一。

陶缽為盛食器皿，是新石器時代先民的日常生活用具。此缽用夾炭黑陶燒製而成，時代距今約七千年。當時的陶器還比較原始。這件缽兩壁刻猪的形象，猪形態逼真，鬃毛畢現，正蹣跚而行，猪身飾圓圈及樹葉紋。這是中國最早以猪的形象作為裝飾的陶器，更難得的是此猪形象既非野猪，亦非今日家猪，是七千年前先民馴養的從野猪向家猪轉化的中間類型。它為猪的形態演變提供了寶貴資料，說明河姆渡人已過上定居生活，能飼養家畜。

049　猪紋陶缽
新石器時代河姆渡文化
（約為公元前 5000—前 3300 年）
寬 17.2、長 21.2、高 11.6 厘米
1973 年浙江省餘姚縣河姆渡遺址出土
浙江省博物館藏

人面魚紋彩陶盆

　　仰韶文化因最早發掘於河南省澠池縣仰韶村遺址而得名。分佈於黃河支流匯集的中原地區，遺址約一千多處，是中國諸新石器文化中的一支主幹。它展現了中國母系氏族制繁榮至衰落時期的社會結構和文化成就。

　　這件彩陶盆是新石器時代兒童瓮棺葬的葬具。用細泥紅陶燒製，口沿略加裝飾，盆內飾對稱的兩組人面魚紋。人面呈圓形，頭上有三角形裝飾，耳部有向外的柳枝形飾物（其它同類紋飾此處為魚紋），口部向外有雙魚，旁邊還飾有圖案化的魚紋。人面構圖簡單誇張，高度圖案化。人面魚紋是仰韶文化半坡類型的典型標誌，這類紋飾在渭河流域已發現十餘例。這件珍貴的藝術品不僅在中國繪畫史上佔有重要的位置，其社會意義也引起有關人士的極大關注。人面魚紋蘊含着什麼樣的寓意，表達了人們什麼樣的觀念，迄今，還沒有明確的結論。現在比較主要的一種看法認為：人面魚紋具有圖騰崇拜的意義，是半坡人圖騰人格化的標誌物。

050　人面魚紋彩陶盆
新石器時代仰韶文化（約爲公元前 5000—前 3000 年）
口徑 44、高 19.3 厘米
1972 年陝西省臨潼縣姜寨出土
陝西省西安市半坡博物館藏

紅陶人頭壺

051 紅陶人頭壺
新石器時代仰韶文
化(約爲公元前 5000—
前 3000 年)
高 23 厘米
1953 年陝西省洛南縣
出土
陝西省西安市半坡博物
館藏

　　對仰韶文化的分期、分類，在考古界看法尚不盡一致。但從陝西南部半坡到河南鄭州一帶是仰韶文化的中心範圍則是公認的。半坡類型是最早的類型。

　　新石器時代的人們，經常用動植物形象來裝飾陶器，使之不僅具有實用價值，還具有觀賞價值，是精美的藝術品。這件紅陶人頭壺就是仰韶文化陶塑中的精品。塑造在陶壺頂端的人頭像，是那樣生動傳神，彎曲的髮辮，眯縫的雙眼，微張的小嘴，稚氣的笑容，使人仿佛看到一位天眞活潑的小淘氣，富有強烈的藝術感染力。

鸛魚石斧圖彩陶缸　白衣彩陶缽

　　這件大型彩陶缸，亦被人稱為甕，用夾砂紅陶燒製而成，是新石器時代成年人二次葬的葬具(註)。此缸整體呈圓筒形，上大下小，口沿下有四個對稱的小小凸起，底部有一小圓孔。這件質樸的陶缸，因其外表有彩繪的鸛魚石斧圖而成為名揚中外的藝術珍品。瞧，鸛魚石斧圖中左側的白鸛，身軀強健，雙腳有力，口銜大魚，稍向後傾；大魚向下垂直，已無掙扎之態；畫面右側是一柄製作精緻的石斧。畫面構圖簡練流暢，富於表現力。這幅鸛魚石斧圖含有何種寓意呢？有人認為它是遠古先民的即興之作；有人認為它是氏族崇拜的圖騰；也有人認為它意喻着兩氏族的聯姻與和好；還有人認為它表現了氏族間相互征服，強者的勝利。石斧即是權威的象徵。儘管爭論難以統一，却為這幅圖平添了許多情趣。

052　鸛魚石斧圖彩陶缸
新石器時代仰韶文化(約為公元前5000—前3000年)
高47、口徑32.7厘米
1978年河南省臨汝縣閻村出土
中國歷史博物館藏

註：中國新石器時代的葬俗，人死後或埋，或不埋，待僅存骨殖後，把骨質依次放在缸內，再正式埋葬。這種再次收殮被稱為二次葬。

053　白衣彩陶缽
新石器時代仰韶文化(約為公元前5000—前3000年)
高21、口徑21厘米
1972年河南省鄭州市大何村出土
河南省鄭州市博物館藏

　　中國仰韶文化以西安半坡遺址為代表，距今已有六千多年。另外，河南陝縣廟底溝遺址也屬仰韶文化，距今五千多年，兩地相距上千里。製作陶器主要用泥條盤築，少部分為慢輪加工、而圖中這件白衣彩陶缽的口沿是經過慢輪修整的，更加突出了弧綫美，顯得圓潤流暢。

　　此缽造型從口沿向外擴展成一個圓弧後，又沿均勻的弧綫向下收縮直至底部。在寬大突出的肩部薄薄地覆蓋了一周白色化妝土，其上用黑、褐兩色勾劃出圓點、弧綫、三角、菱形構成的幾何圖案。造型和紋飾都給人以美感。

彩陶雙連壺　彩陶鼓

　　這件彩陶壺在製作上比較困難，外觀好似一對孿生兄弟，但中部緊緊相連，並有一孔相通。兩壺各自向外有一耳，形成一個無法分割的整體。壺身用黑紅兩色繪出簡單的裝飾，體現出新石器時代先民豐富的想象力和創造力。是仰韶文化陶器中的珍品。

054　彩陶雙連壺
新石器時代仰韶文化（約爲公元前5000—前3000年）
高20、口徑6.5厘米
1972年河南鄭州大何村出土
河南省鄭州市博物館藏

055　彩陶鼓
新石器時代馬家窰文化（約爲公元前3300—前2050年）
高30、口徑22.5厘米
甘肅省蘭州市出土
甘肅省蘭州市博物館藏

　　馬家窰文化是仰韶文化晚期的一個分支，因首次發現於甘肅臨洮馬家窰而得名。陶器爲手製，泥條盤築。

　　遠古時代的先民，在生產勞動中不斷地與險惡的自然環境作鬥爭，爲表達自己在勞動生活中的情感，創造了原始歌舞。這件彩陶鼓就是那載歌載舞熱烈場面的見證。在喇叭形的鼓口上，有許多小小突起，用以蒙掛固定獸皮，鼓的前後各有一鈕，繫繩後可以背挎在擊鼓者身上，鼓用紅、褐兩色繪出鋸齒紋和渦紋。這沉默了數千年的彩陶鼓，當年曾使多少舞蹈者隨着它激越的鼓聲如痴如醉地起舞。

人面彩陶壺

此壺造型、紋飾在馬家窰
文化馬廠類型彩陶中較為常
見，壺身有雙耳，用黑彩裝飾出
四個對稱的大圓圈紋。口部的
人面裝飾相當獨特，人面七竅
俱全，耳、鼻、下頦凸起，顯得十
分稚拙古樸。

056　人面彩陶壺
新石器時代馬家窰文化
(約爲公元前3300——前
2050年)
高22.4、口徑5.5厘米
1975年青海省樂都縣
柳灣出土
青海省文物考古研究所
藏

057　白陶鬶
新石器時代山東龍山文
化(約爲公元前2500——
前2000年)
高29.7厘米
1960年山東省濰坊市
姚官莊出土
山東省博物館藏

鬶，是新石器時代的一種
燒水器具，四、五千年前曾經廣
泛流行。鬶的造型今天幾乎沒
有相似之物，它由流、頸、腹、把
手和三個袋足組成。這件鬶長
流沖天、頸部豎直，腹足圓鼓，
把手仿佛植物枝條擰就，把手
和腹部還貼塑若干小圓乳釘。
整體造型富於力度、氣魄恢宏，
是珍貴的古代藝術品。

白陶鬹

高足鏤孔黑陶杯　人形彩陶罐

這種黑陶杯，又被稱爲蛋殼黑陶杯，是山東龍山文化的一種典型器物。其外形規整，色澤漆黑黝亮，陶質細膩，質地堅硬，胎質極薄。經測定最薄處僅爲零點二毫米，稱爲蛋殼陶並無絲毫誇張，今天的能工巧匠也極難仿製。這種杯只在大中型墓葬中發現過，說明只有原始氏族的首領才能享用它。其流行地域有限，流行時間較短，因而在今天更顯得格外珍貴。

058 高足鏤孔黑陶杯
新石器時代山東龍山文化 (約爲公元前 2500—前 2000 年)
高 20.7、口徑 9.4 厘米
1973 年山東省日照縣東海峪出土
山東省博物館藏

此罐爲立人形。罐口做成人頭形，五官俱全，雙耳、雙眼鏤空，面容天眞可愛。雙臂巧妙地形成兩個罐耳，足蹬碩大的翹頭靴。胸前和腹部彩繪菱格紋。整體形態自然灑脫。

059 人形彩陶罐
新石器時代 (約爲公元前 6000—前 2000 年)
高 20 厘米
1988 年甘肅省玉門市出土
甘肅省文化廳文物處藏

彩繪鳥形陶壺　蟠龍紋彩繪陶盤

紅山文化是中國新石器時代位置最靠北的文化遺址。因發現於內蒙古赤峰紅山而得名。

陶壺仿鳥形。壺身略呈橢圓形即成鳥身，後部捏出小小的尾羽，壺頸偏前，壺口仿大張的鳥嘴，還壓印出仿佛鳥眼的圓點。壺頸等處略施黑彩。雖然未經精雕細琢，却將嗷嗷待哺，形肖神似的禽鳥呼之欲出。表現出遠古先民對事物的觀察和概括能力。

陶盤內的蟠龍，是在陶盤燒成後用紅彩在黑陶衣上繪成的。蟠龍身披黑紅相間的鱗甲，長著鋸齒般利齒的口內銜著一枝農作物，蟠曲成環形。它靜止的身軀內似乎蘊含著巨大力量，隨時可能會舒展翻騰，躍向天宇。它是陶器上出現的最早的龍的形象，其藝術和美學價值自不待言。另外，對於研究從新石器時代向奴隸制國家轉變時期的氏族部落的圖騰崇拜、觀念信仰都具有重要意義。

彩繪三足陶罐

陶罐造型敦實厚重。通體
用紅、黑、白三色彩繪紋飾，肩
部和腹部爲兩周變形鳥紋，其
間及三足正面爲羽狀紋飾，蓋
上亦飾相對的變形鳥紋。紋飾
活潑流暢，色彩鮮艷，顯得富麗
堂皇。

黑陶鴨形尊

063 黑陶鴨形尊
戰國 (公元前 475— 前
221 年)
通高 28、長 36.2 厘米
1977 年河北省平山縣
中山王譽墓出土
河北省文物研究所藏

　　中山國是戰國時代晚期一個小國，秦國在滅其它六國時也不曾把中山國當一個對手來考慮。而這樣一個小國家君主的墓，隨葬品極其繁多，墓外陪葬有車馬坑，船坑和雜殉坑，墓內隨葬有銅器、陶器，雖早年被擾亂，但仍為我們瞭解戰國時期的文化和歷史提供了一個窗口。

　　中山王墓中發現一批非常精美的磨光黑陶器具，此尊即為其中之一。尊整體製作模仿鴨形，以鴨頭為流 (出水口)，以尾部作柄，下加兩隻扁足，仿佛一隻憨態可掬，步履蹣跚的野鴨。是件極富表現力的作品。鴨形尊上還刻有精細的變形獸紋、卷雲紋和波折紋，這些紋飾經過打磨加工，更加光滑柔潤，具有銅器與漆器的藝術效果。

黑陶鼎

　　在中山國王墓中，曾出土過九件象徵着權力和地位的銅鼎，同時還出土了五件模仿銅鼎的黑陶鼎。黑陶鼎造型敦實渾厚。下有三蹄形足，口沿有雙耳，蓋上有三竪鈕。口沿下和蓋上裝飾着精緻的變形獸紋、卷雲紋、波折紋和鋸齒紋。陶鼎外表經過磨光，映射出金屬般的光澤。在青銅器製造非常成熟的戰國時代，這件富麗堂皇的陶鼎比起銅鼎來毫不遜色。

064 黑陶鼎
戰國 (公元前 475— 前 221 年)
通高 41.1、最大徑 38.5 厘米
1977 年河北省平山縣中山王譽墓出土
河北省文物研究所藏

　　秦始皇(公元前二五九至前二一〇年)是中國歷史上第一個中央集權封建國家的創立者。他用了三十六年時間修造了他的陵墓。兵馬俑坑是始皇陵墓東一點五公里處的隨葬坑,已發現了四個,都是宿衛兵排成拱衛送葬行列。在八千多士兵俑中,曾發現過幾件將軍俑,這件即為其中之一。他頭戴冠,身着戰袍,外罩精緻細密的鎧甲,足蹬方頭履。其面部刻劃極為逼真:方面寬額,劍眉高鼻,雙唇緊閉,上留八字鬍,雙頰豐厚,蓄有濃鬚。顯得老成持重、沉着剛毅。秦代無名匠師以精湛的技藝塑造出秦軍指揮官威嚴莊重的形象,還賦予他謙遜、沉靜的氣質,使人物形象更臻豐滿。

065 將軍俑
秦(公元前 221—前 206 年)
高 195 厘米
1977 年陝西省臨潼縣秦始皇陵兵馬俑坑出土
陝西省秦始皇兵馬俑博物館藏

　　跽坐俑出土於秦始皇陵附近的陪葬俑坑。從同出的陶器上的"大廄"、"小廄"等銘文推測,陪葬俑坑可能象徵着秦始皇的宮廷馬廄,跽坐俑似為廄中的養馬人。跽坐俑原有鮮艷的彩繪。他身着交襟長袍,雙手半握置於腿上,雙膝跪坐於地。這種古禮,現在日本仍保留,而在中國已不多見。此俑面部刻劃細緻入微,相貌端正,目光微垂,梳理整齊的細細髮絲至腦後盤為圓髻。體態和表情顯露出做為宮中奴僕的恭謹溫順。跽坐俑與兵馬俑一樣都是同時代的陶塑珍品。

066 跽坐俑
秦(公元前 221—前 206 年)
高 65 厘米
1964 年陝西省臨潼縣秦始皇陵附近出土
陝西歷史博物館藏

騎兵戰馬俑

067 騎兵戰馬俑
秦（公元前 221— 前 206
年）
騎兵俑高 180、戰馬高
172、長 203厘米
1977 年陝西省臨潼縣
秦始皇陵兵馬俑坑出土
陝西省秦始皇兵馬俑博
物館藏

用與實物大小相仿的陶塑來表現騎兵，唯有秦兵馬俑才有。在多達八千的秦兵馬俑中，騎兵和戰馬雖僅有二百餘件，但個個塑造得栩栩如生，令人稱絕。騎兵俑頭戴小帽、身着短袍、外披鎧甲；面部眉棱突出、雙目平視，唇上的八字鬍更為他增加了幾分慓悍。刻劃出秦代訓練有素、矯健果敢的騎兵形象。陶戰馬塑造得細膩傳神，馬的雙眼、鼻翼和雙唇上的皮膚皺褶都被刻劃出來。那直插上方的尖挺雙耳和分向兩邊的一絡鬃毛，更使戰馬顯得雄俊，而那挺直的長腿，豐滿的胸肌，渾圓的臀部，則表現出戰馬蓬勃的生命力。騎兵雖平靜地手牽馬繮，却給人蓄勢欲動，隨時準備跳上戰馬，去馳騁廝殺的印象。

跪射俑　彩繪陶指揮俑

068 跪射俑
秦 (公元前 221—前 206
年)
高 122 厘米
1977 年陝西省臨潼縣
秦始皇陵兵馬俑坑出土
陝西歷史博物館藏

跪射俑身着戰袍，外披鎧甲，足穿方口布鞋；頭上結髻束帶，半跪於地，雙手仿佛正要拉開弓弦，姿式威武雄健。他雙目平視，機警勇敢。在他旁邊，曾發現腐朽的木弓殘迹、銅鏃和銅劍，說明他是帶劍的射手。其衣着、鎧甲、姿態、表情，都顯示出秦俑塑造精緻、刻劃入微。他的下頜殘留着粉白色，說明秦俑製作時均經過彩繪。試想，二千年前剛剛製成經過彩繪的秦俑，該是多麼威武、剛健，令人讚嘆啊。

楊家灣漢墓是漢高祖劉邦的陪葬墓，據推測墓主人可能是漢初名將周勃、周亞夫父子。在此墓的陪葬坑中，發現了多達二千五百餘件的漢代兵馬俑，它們數量眾多、種類豐富、配備齊全、隊列嚴整，在漢代文物中相當罕見。這些兵馬俑均經過彩繪，其服飾、甲冑、頭巾、髮型等描繪細緻，是研究當時軍隊制度的重要資料。其中步兵俑出土近二千件，絕大多數為士兵裝束，唯有一件身材高大，與眾不同，這就是楊家灣漢墓的彩繪陶指揮俑。指揮俑高於其他陶俑，頭似戴冠，身披當時極為罕見的魚鱗甲，鎧甲之下着綠色短袍和紅色長袍，足蹬有華麗紋飾的長靴。他意氣昂揚，雙唇緊抿，顯得沉着果敢；右手上指，左手下劈，正在指揮千軍萬馬。這件陶俑，塑造得質樸，造型洗煉，具有內在的藝術魅力。

069 彩繪陶指揮俑
西漢 (公元前 206—公
元 25 年)
高 55 厘米
1965 年陝西省咸陽市
楊家灣漢墓出土
陝西省咸陽博物館藏

陶騎兵俑

　　在著名的楊家灣漢墓中，發現有近六百件彩繪陶騎兵俑。戰馬有大小兩種，彩繪後馬的毛色有黑、白、紅、紫等顏色，並都畫有韁和轡，韁上鞍墊前後還畫出紅色和青綠的垂纓。戰馬姿態生動，有的佇立不動，有的昂首嘶鳴。騎兵俑身着紅、白、綠、紫各色戰袍，有的還畫出披掛的鎧甲。他們大多做出緊握韁繩和手持長矛的姿勢，顯得勇猛雄健，構成了兵馬俑中的盛大騎兵行列。

070 陶騎兵俑
西漢 (公元前 206— 公元 25 年)
高約 54—68 厘米
1965 年陝西省咸陽市楊家灣漢墓出土
陝西省咸陽博物館藏

綠釉陶都樹

這是一件明器，在秦漢時代達官貴人十分重視死後的享受，陪葬風氣盛行，所以明器製造十分發達。

綠釉陶都樹通體施釉，上部呈暗綠色，下部呈黃褐色。樹頂立一天雞，頭上有冠。樹幹上長出九枝，枝上有小鳥、猴子、蟬及花、葉。樹幹下有座，其上有蟬、奔馬、猴子和裸體人物。據中國古代文獻《太平御覽》、《藝文類聚》記載："……有桃都山，上有大樹，名曰桃都，枝相去三千里，上有一天雞，日初出，光照此木，天雞則鳴，群雞皆隨之鳴。"唐代詩人李賀亦有"雄雞一聲天下白"的名句。已故的著名學者郭沫若先生曾撰文研究此物，他認為這件出土文物生動地體現了中國古代的神話傳說，塑造了桃都樹頂天雞待日出而鳴的形象。

071 綠釉陶都樹
西漢 (公元前 206— 公元 25 年)
高 63 厘米
1969 年河南省濟源縣出土
河南省博物館藏

彩繪樂舞雜技俑

　　漢代的統治者盛行厚葬，其核心思想就是把死人當作生人看待，即所謂"謂死如生"，於是將生前各種物品做成陶質模型和偶像葬入墓中。

　　這組彩繪雜技樂舞陶俑，構成了一個完整的舞臺演出場面，在目前發現的同類內容的中國古代藝術品中，屬於年代最早的一件。它集舞蹈、音樂、雜技於一臺，佈局井然有序，氣氛熱烈歡快，人物生動傳神，再現了當時風行的"百戲"演出時的熱鬧場面。

　　這個舞臺是一件長方形陶盤，二十一件陶俑或演奏、或觀賞，被固定在陶盤之上。在舞臺的中心，有一頭戴冠、身着朱袍的陶俑。似為節目主持人，他正在向觀眾介紹節目。這主持人的身後有兩位身着紅、白兩色舞衣的女子，她們正揮動長袖，翩翩起舞。主持人身旁，有兩位

頭戴尖帽的男子，正相向倒立表演"拿大頂"。向後還有兩位男子在表演軟功，一人正向後彎腰；一人已全身翻捲，雙腳置於頭部兩邊，雙手握住腳踝。舞臺後有七人組成的樂隊，演奏者分別在吹笙、鼓瑟、擊缶、敲鐘、捶鼓，個個神情專注。舞臺兩側有七名觀眾或助興者，他們頭戴冠、腰繫帶，相向拱手而立。在這小小的舞臺上，舞蹈的輕柔飄逸、雜技的緊張精彩、音樂的高亢婉轉，都被漢代陶塑匠人生動地表現了出來。細看眾多人物，雖然形象古拙，但經色彩點染，令人頓覺神形兼備、栩栩如生。

072　彩繪樂舞雜技俑
西漢（公元前 206— 公元 25 年）
長 67、寬 47.5 厘米
1969 年山東省濟南市出土
中國歷史博物館藏

陶猴　綠釉陶水榭

073 陶猴
西漢 (公元前 206— 公
元 25 年)
高 14、16 厘米
1979 年陝西省西安市
出土
陝西省西安市文物園林
局藏

綠釉陶水榭底座為一圓形盆狀水塘模型,塘中聳立着亭榭,亭榭下有圓形帶圍欄的平座,上有四柱支撐重檐亭頂,亭頂正脊上棲息着一隻大鳥。亭榭、水塘和岸邊,都塑有人物鳥獸,共二十餘件。坐在亭榭正中的是莊園的主人,此外還有執帚的傭僕、巡衛的騎士和供莊園主役使的家人。池塘中有小船漂蕩,還有鴨鵝魚鱉在水中嬉戲。岸邊,有雞、鴨、羊和奔跑的麋鹿。在漢代,貴族豪強為了憩息游樂,競相修建樓閣苑囿,營造園林池塘。這件綠釉陶水榭,是漢代無名雕塑家精心製作的藝術品,不僅真實地再現了漢代豪強地主的享樂生活,還反映了當時建築技術的發展水平。

074 綠釉陶水榭
東漢(公元 25—220 年)
高 45、直徑 45 厘米
1964 年河南省淅川縣
出土
河南省博物館藏

075 彩繪陶倉樓
東漢(公元 25—220 年)
高 134、面闊 55 厘米。
1972 年河南省焦作
市出土
河南省博物館藏

彩繪陶倉樓

　　在西漢前期和中期，隨葬品主要是生前的實用器。到了西漢中期出現了各種專為隨葬而做的陶質明器，包括倉、竈、井、磨、樓閣等模型和陶塑牲畜家禽。猴子是供玩賞的寵物，可見漢代時，貴族們已養猴取樂。

　　陶猴外表施粉彩，刻畫相當簡潔，却極為生動傳神。製作者抓住了活潑好動的猴子的瞬間神態，刻畫出惹人喜愛機靈頑皮的小猴。陶猴在漢代陶塑動物中比較罕見，是不可多得的古代藝術品。

　　這件陶倉樓為墓中的隨葬品，它反映了漢代莊園經濟的狀況，為瞭解漢代建築提供了實物模型。倉樓前有長方形院落，兩角有雙闕。倉樓分為四層，上部兩層出檐，並有欄杆、斗栱；倉樓外用綫刻及顏色畫出檐柱、額枋、欄板等建築構件，並彩繪出雲氣和菱形、三角、直綫等幾何形紋飾。倉樓四層上，莊園主的家丁正在向外張望；院門外，一肩扛糧食的農夫正要進倉交糧；院內則伏臥着一條狗看家。這些場景為這件陶塑藝術品增添了幾分生機。

綠釉陶六博俑　彩繪陶百花燈

076 綠釉陶六博俑
東漢(公元25—220年)
長28、寬19、高24厘米
1972年河南省靈寶縣
張灣出土
河南省博物館藏

　　"六博"游戲是漢代盛行的一種棋類活動。這件綠釉陶六博俑爲隨葬冥器,分模製作,合爲一套,生動地表現了當時人們博戲時的情景。下爲坐榻,榻上中間置長方形盤,一側放六根長條形箸,另一側放博局。博局兩邊各有六枚方形棋子,中有二枚圓形的"魚"。榻兩邊各有一跪坐俑,二人昂首相向,手勢開張,既像雙方爭執不下,又像二人相互謙讓,富有生活情趣。

這件彩繪陶百花燈華麗異常，內涵豐富，令人目不暇接。儘管它是一件隨葬品，却充分顯示出製作者的豐富的想象力和精湛的技藝。百花燈分爲燈盞、燈柱、燈座三部分。頂部是彩繪朱雀形燈盞，朱雀口中銜珠，首、尾、雙翼伸出盞外。燈柱部分插接十二支曲枝燈盞和四條飛龍，燈盞和飛龍上坐有十二個羽人(即神話中的飛仙)，還有八隻臥蟬及衆多的火熖花飾，柿蒂形飾，燈柱下爲一象徵長壽的烏龜。燈座象徵着群峰環抱的山巒，上邊塑有兩個仙人和三十餘隻動物，其中有虎、

豹、狼、羚羊、猪、狗、猴、兔、蛙、蟬，它們或奔騰跳躍、或坐臥蹲伏。這件陶燈表現了漢代人嚮往的神仙境界，上面有被視爲神禽異獸的龍、虎、朱雀、神龜，還有跨龍升天的羽人。當燈盞全部點燃時，燭光搖曳，靑煙縷縷，人們企望的那種長生不老、得道成仙、羽化升天的神仙境界似乎頓時與現實接近了許多。

077 彩繪陶百花燈
東漢(公元 25—220 年)
通高 92 厘米
1972 年河南省洛陽市出土
河南省洛陽文物工作隊藏

三人倒立雜技俑　撫琴陶俑　陶說唱俑

在漢代，百戲雜耍非常盛行，倒立就是流行的表演項目。先有兩人倒立在圓形圍欄之上，這種圓形圍欄可以看做是井口的圍欄。而第三個人則立在這兩人的腿上，置井口之上，面臨深淵。如此三人組合井口倒立，不僅需要力量，更需要高超的技巧與默契的配合。借助古代陶藝匠師的靈巧雙手，我們目睹了漢人雜耍的風采。

078　三人倒立雜技俑
東漢(公元 25—220 年)
高 24 厘米
1972 年河南省洛陽市出土
河南省洛陽文物工作隊藏

079 撫琴陶俑
東漢(公元 25—220 年)
高 36 厘米
1987 年貴州省興仁縣
出土
貴州省博物館藏

人殉在春秋晚期和戰國初期的一些大墓裏仍然存在，但木俑和陶俑隨葬已開始出現。到了漢代，廢除了殘酷的人殉制度。大量的木俑和陶俑成為奴僕的替身放置在統治者的墓中。

這個撫琴陶俑頭戴巾，穿右衽長衫，跪坐撫琴。頭部微偏，似乎沉醉在悠揚的琴聲之中，他雙目並不看琴，顯示出操琴的熟練。人物面部表情生動，動作塑造準確，是不可多得的陶塑珍品。

080 陶說唱俑
東漢(公元 25—220 年)
高 50 厘米
1982 年四川省新都縣
出土
四川省新都縣文物管理
所藏

說唱俑頭上着巾、戴弁帽，額上有花飾。上身袒胸露腹，左臂飾纓絡串飾，左手抱鼓，右手高舉，原握一鼓槌，正欲擊鼓。下身穿長褲，右腿前伸、左腿屈膝而坐。那飛揚的眉眼、伸張的口舌、詼諧的神態、揮動的手足，表明藝人正在給觀眾說唱有趣的故事。古代陶塑藝術家用誇張與寫實的手法把藝人說唱時最精彩的瞬間表現得淋漓盡致，活靈活現，顯示了漢代雕塑藝術的高超水平。

戲車畫像磚　月神畫像磚

081　戲車畫像磚
東漢(公元 25—220 年)
寬 32、殘長 62 厘米
1981 年河南省新野縣
出土
河南省博物館藏

　　這塊畫像磚表現的是漢代雜技百戲的精彩場面。在畫面中心的戲車上，一人頭朝下雙腳倒鈎住車中豎立的高杆，雙臂平伸，掌中各有一圓球，球上又各站一人。倒掛者的雙臂要承受兩個人的重量並保持平直，難度相當大，說明漢代時中國雜技藝術就已取得很高的成就。球上二人一人雙手叉腰下蹲，顯得悠然自得；另一人則"金雞獨立"，以高超的技巧來保持平衡。後邊的表演更爲驚險。兩車之間拉起一根繩索，這繩索分別掌握在立於前車車輿和半蹲在後車高杆之上的二人手中，傾斜成四十五度。後車杆頂之人，既要經受車馬奔馳的顛簸保持平衡，還要承受極大的拉力。後車馭手緊勒馬繮，控制車速，以便繩索保持繃緊的狀態。在這呈四十五度斜綫的繩索上，一人正踩索上行。他擺動雙臂，盡力保持着平衡。這樣精彩的雜技場面，被這塊二千年前的畫像磚，生動地記錄下來。爲後人研究漢代的雜技藝術提供了寶貴資料。

082　月神畫像磚
東漢(公元 25—220 年)
高 23.5、殘寬 44.5 厘米
1985 年四川省彭縣三
界鄉收集
四川省博物館藏

　　用磚來砌建墓室，開始於
戰國，但很不普遍。到了東漢，
磚室墓迅速普及。官僚貴族的
磚室墓規模較大，結構複雜，佈
局模仿他們的生前居所。一些
磚室墓的牆壁上還嵌砌另一種
模印着人物場面的磚，現在被
稱爲"畫像磚"。

　　這塊畫像磚上的圖案是一
隻長着人頭的大鳥。人頭上盤
着高髻，頸部生出向前卷曲的
長長羽毛，鳥身上可看出雙翅
和尾羽。鳥身內有一內凹的圓
形，中有一隻蟾蜍和一株桂樹，
這是在表現傳說中的月亮。鳥
周圍有二星閃爍。中國古代傳

說中，有一位著名的女仙領袖
——西王母，在一些漢墓的畫
像磚圖案中，往往有月神和日
神伴隨着她。這隻神鳥，就是伴
隨着西王母的月神。這塊月神
畫像磚顯示了古人豐富的想象
力，是研究古代神話傳說及思
想觀念的珍貴實物。

陶黑人俑　陶牛　陶臥駝

083 陶黑人俑
北魏(公元 386—534 年)
高 9.2 厘米
1965 年河南省洛陽市
盤龍塚出土
河南省洛陽市博物館藏

084 陶牛
北齊(公元 550—577 年)
高 35 厘米
1981 年山西省太原市
婁叡墓出土
山西省考古研究所藏

085 陶臥駝
北齊(公元 550—577 年)
高 24.7 厘米
1981 年山西省太原市
婁叡墓出土
山西省考古研究所藏

中國古代稱黑膚的人為昆侖，亦稱為昆侖奴。據《舊唐書》記載："自林邑以南，皆捲髮黑身，通號曰昆侖"（林邑，今越南）。唐代以前北魏時期，墓葬中已有黑人形象的陶俑隨葬。這件黑人俑身着紅袍，腳穿長靴，取蹲坐姿勢，左臂置雙膝上，右手扶頸，埋首於雙臂間，只露出滿頭捲髮而不見面目。造型構思巧妙，令人遐想：他家鄉何處，年齡幾許，怎樣來到這裏？是在困倦小憩，還是因思鄉而飲泣？

從漢末至魏晉，統治者常乘牛車，長期因襲不改。在兩晉南北朝時，官僚貴族墓中多用陶製的牛車模型隨葬。墓中由各種陶俑組成的儀仗行列，便是以牛車為中心。

這件陶牛，塑造得剛健、勇猛。它昂首直立，雙角刺向青天；那圓睜的雙眼，碩大的鼻孔，強勁的四肢，讓人感到它全身充滿力量；它身上的籠轡和纓絡又為它增添了幾分華貴之氣。

提起陶塑的駱駝，人們立即會想到色彩絢麗的唐三彩駱駝。實際上在唐代以前，陶塑作品中就已有駱駝出現。這件隨葬於北齊重臣婁叡墓中的陶臥駝，就是相當精美的一件。它背負貨物，臥伏於地，昂首嘶鳴，似欲站起，身上還用黑紅兩色塗繪。造型逼真，比例準確，姿態生動，實為一件藝術珍品。

帶釉螭柄鷄首陶壺

這件陶壺外表施釉，釉色綠中泛黃、晶亮瑩潤，但它並非瓷器，而是爲隨葬燒製的施釉陶器。釉陶在漢代比較流行，以後少見。這件出於北齊墓中的陶壺不僅罕見，而且裝飾精美。它以螭龍爲柄，前端塑出鷄首，壺上部貼塑對稱的蓮花、忍冬等花葉紋飾，壺下部貼塑四隻展翅的鳳鳥。外觀華麗，典雅莊重。新穎的紋飾不僅顯示出當時中國北方製陶業的先進水平，還反映出中國與西域各國文化上的聯繫與交流。

086　帶釉螭柄鷄首陶壺
北齊 (公元 550—577 年)
高 48.2、腹徑 32.5 厘米
1981 年山西省太原市
婁叡墓出土
山西省考古研究所藏

胡人陶俑

在中國古代，往往把西域、中亞一帶人士稱為胡人，在唐代陶俑和三彩俑中胡人形象相當多見。這兩件隋墓中出土的胡人俑，可說是開創了以胡人俑隨葬的先河。他們深目高鼻、濃眉長鬚，髮、眉、鬚皆卷曲，身着翻領長袍，腰束帶。從一個側面反映出當時各國人士頻繁往來於中國的狀況。

087 胡人陶俑
隋（公元 581—618 年）
高 26、27 厘米
1959 年河南省安陽市
張盛墓出土
河南省博物館藏

貼金彩繪武官俑 貼金彩繪文官俑

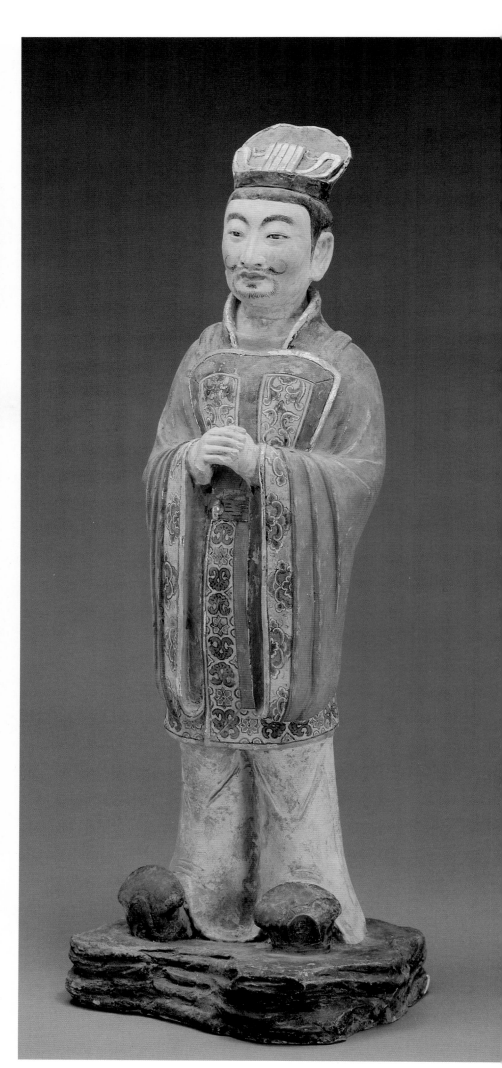

彩繪釉陶女騎俑

武官俑方面劍眉，雙目炯炯有神，長鬚上捲，紅唇緊閉，表情威嚴。頭戴兜鍪，身着繡花長、短袍，上身外束鎧甲，肩披虎頭護肩，虎頭雙目圓睜，張口露齒，凶猛可怖。武官呈丁字步站立，雙手空握，似一手按劍，一手持矛，威風凜凜，不怒自威。此俑衣袍彩繪紋飾十數種，均精細華麗、美觀典雅；鎧甲形式複雜，但疏密有致，層次清晰；衣、甲邊緣全部貼金，再加上近十種彩繪顏色，更使武士俑光彩照人。為研究唐代初期服飾、繪畫、雕塑藝術提供了珍貴的實物。

張士貴是唐太宗李世民的一名將軍，此俑即隨葬在他的墓中。文官俑頭戴冠，身穿寬袖紅袍，袍袖及邊緣鑲繡花寬邊，外披藍地繡花裲襠，腰束寬帶，下露黃袍，足穿藍色雲頭履。服裝彩繪及花紋色澤鮮艷如新，紅袍及裲襠邊緣全部貼金，更顯得華麗高貴。文官面色白皙紅潤，濃眉細目，唇上長鬚上翹，雙手疊放胸前，手中可能原執笏板。給人以端莊沉穩、老成持重的感覺，是唐代文官的寫照。

088 貼金彩繪武官俑
唐 (公元 618—907 年)
高 72.5 厘米
1972 年陝西省禮泉縣
張士貴墓出土
陝西省昭陵博物館藏

089 貼金彩繪文官俑
唐 (公元 618—907 年)
高 68.5 厘米
1972 年陝西省禮泉縣
張士貴墓出土
陝西省昭陵博物館藏

090 彩繪釉陶女騎俑
唐 (公元 618—907 年)
高 37、長 29 厘米
1971 年陝西省禮泉縣
鄭仁泰墓出土
陝西歷史博物館藏

彩繪釉陶是唐三彩的前身。這種彩繪釉陶比唐三彩出現略早，與唐三彩的胎質相同，開創了馬身上釉、俑面施彩的作法，表明了釉陶與唐三彩的相承關係。此俑之馬俯首而立、鞍韉俱全，身上施黃釉，鬃、蹄、口唇塗紅，臀畫紅斑。女俑面目清秀，闊眉朱唇，神態安祥自若；頭戴笠帽，身着白色窄袖衫及長裙，外罩花邊短襦。馬溫良馴順，人娟麗秀美，實為難得的佳作。

白陶馬

唐代，皇室和貴族盛行養馬風，唐墓中往往隨葬不少陶馬和三彩馬，其中常有矯健不凡、形神俱佳的珍品。這件出於唐太宗陪葬墓中的白陶馬就是一件上乘之作。它長鬃彎曲披頸而下，馬尾束紮，低頭張嘴，前腿高抬。那曲綫流暢的身軀，勁健有力的胸腿，富於動感的姿態，都給人留下深刻的印象。

091 白陶馬
唐(公元 618—907 年)
高 49、長 46 厘米
1972 年陝西省禮泉縣
張士貴墓出土
陝西歷史博物館藏

092 貼金彩繪陶騎俑
唐(公元 618—907 年)
高 34、長 31 厘米
1971 年陝西省乾縣懿
德太子墓出土
陝西省乾陵博物館藏

懿德太子李重潤是唐高宗和武則天之孫，唐中宗之長子。大足元年(公元七〇一年)因議論武則天被人告密，武則天大怒，下令杖殺，葬於洛陽。武則天死後，唐中宗復位，在神龍二年(公元七〇六年)將其墳墓遷到武則天的墓旁，為他進行了厚葬，墓製形式是當時最高的，只因為後來墓被盜掘，才不能看到當時的全貌。其墓中出土隨葬品千餘件，貼金彩繪陶騎俑就出於其中。唐墓的陶俑一般做出行時儀仗保衛的隊列，而這件貼金彩繪陶騎俑是前導，所以尤為華麗。騎俑頭戴帽，身披鎧甲；陶馬披掛馬甲，頭部面簾(護甲)全部貼金；人和馬通體用紅、藍、褐、綠、黑、白等色彩繪裝飾。顯得高貴典雅，華麗異常，在陶塑中是非常罕見的珍品。

貼金彩繪陶騎俑

三彩又稱爲唐三彩,是舉世聞名的中國古代藝術品。它是一種低溫鉛釉陶器。後來人們把陶器上常見的黃綠白三種釉色,用來作爲這類陶製品的通稱。唐三彩主要用於隨葬品,供死者在冥世使用。三彩盛行於唐代,以後便湮沒無聞,直至本世紀初才被發現。

這組三彩馬及牽馬俑可以說是三彩器的典型作品。在形象塑造上它繼承了以往陶塑的寫實作風。馬雄健高大,英姿勁發;牽馬人結實慓悍,眉宇、鬍鬚都顯示出鮮明的個性。加上色彩絢麗的三彩釉,使這件陶塑藝術品更富有魅力。

093 三彩馬及牽馬俑
唐(公元 618—907 年)
馬高 72.5、長 84,人高
61.7 厘米
1981 年河南省洛陽市
龍門東山出土
河南省洛陽文物工作隊
藏

094 彩繪陶馴馬俑
唐(公元 618—907 年)
俑高 36、馬高 40 厘米
1987 年河南省洛陽市
出土
河南省洛陽文物工作隊
藏

這是一組明器。

這組陶塑構思新穎別致。馴馬人長袍下擺攔腰紮起,褲角下有環帶套於足下,衣袖挽起,顯得精明強幹。他側身伸臂,右手握繮繩,左手張開向後,正全神貫注地對馬耐心訓誘。陶馬配鞍,後腿彎曲,左前腿高抬,馬頭下扭,仿佛執拗地不聽指揮,躑躅不前。這組陶塑將人與馬的神韵融爲一體,顯示出雕塑者敏銳的洞察力。

三彩馬及牽馬俑 彩繪陶馴馬俑 絞胎騎射俑

絞胎是唐代陶瓷工藝中的一種裝飾手法，是用白、褐兩色胎土相間揉合，然後製胎成型，上釉燒成後呈現出類似木紋的紋理，一般多爲器皿用具。像這種絞胎裝飾的騎射俑目前僅此一件，其絞胎應是切成薄片後貼在陶胎上的，工藝複雜，難度極大。這件騎射俑不僅絞胎裝飾獨特，形象塑造也別具匠心，馬上的騎士身掛長劍，側身仰首，凝視飛禽，引弓欲發，生動地表現了射獵中那緊張的瞬間。

095 絞胎騎射俑
唐（公元 618—907 年）
高 36、長 30 厘米
1971 年陝西省乾縣懿
德太子墓出土
陝西歷史博物館藏

三彩駱駝載樂舞俑

096 三彩駱駝載樂舞俑
唐（公元 618—907 年）
通高 56.2、長 41 厘米
1959 年陝西省西安市
中堡村出土
陝西歷史博物館藏

097 三彩駱駝及牽駝俑
唐（公元 618—907 年）
駱駝高 87.5、長 76、俑
高 67 厘米
1981 年河南省洛陽市
龍門東山出土
河南省洛陽文物工作隊
藏

098 藍釉陶爐
唐（公元 618—907 年）
高 23.5、長 26.5 厘米
1956 年陝西省西安市
小土門出土
中國歷史博物館藏

三彩駱駝及牽駝俑　藍釉陶驢

這件三彩駱駝載樂舞俑，是唐代的藝術珍品。駱駝高大雄壯，引頸昂首，駝背圓墊上架一方形平臺，上鋪菱形方格紋長毯，周邊爲綠色流蘇，鋪設華麗。平臺上有七個神態各異的男樂俑，他們頭戴幞頭，身穿圓領窄袖長袍，盤腿而坐。手中分別執笙、簫、琵琶、箜篌、笛、拍板、排簫。他們全神貫注、管緊弦繁地吹奏着，完全沉浸在優美的音樂之中。樂俑中有一婷婷玉立的女俑，她頭梳環髮垂髻，身穿黃地藍花窄袖衫，下着長裙；面頰圓潤，體態豐滿，揚頭前視，朱唇微啓，左手抬至胸前，右手拂袖，恰似合着節拍，婉轉輕歌，翩翩起舞。八名樂舞者似乎全是漢人，但樂器中既有胡樂，也有漢族傳統樂器，表現出當時各民族文化交融，大唐王朝歌舞升平，繁榮振興的盛世情景。

駱駝是三彩藝術中的重要形象，這與三彩興起於唐代有着密切的關係。當時絲綢之路極度繁榮，商旅絡繹不絕，被稱爲“沙漠之舟”的駱駝則是這條路上的主要交通工具。這組三彩俑就是表現漫漫絲路上的牽駝胡人和駱駝的形象的。胡人頭戴尖項高帽，身着翻領長袍，足蹬長靴；面部深目高鼻，大嘴連鬚，手扯繮繩，神態逼真，富有個性。駱駝背覆墊毯，雙峰交錯，昂首長鳴，顯得雄壯有力，不畏艱辛。

驢的形象在中國古代陶塑中比較少見。這件陶驢塑造得非常生動，它四肢直立，脖頸前伸，似乎執拗地不肯隨主人前行。古代的陶塑匠師巧妙地抓住了驢的瞬間動態。驢身所施的藍釉和鞍韉上的白釉，更增強了這件藝術品的感染力。

三彩抱鴨壺俑　仕女俑

這件三彩俑爲一懷抱鴨形壺的少女。少女面容豐潤，相貌清麗，頰生酒窩，頭上辮髮後盤；身着長袖衫及半臂襦裙，腰束帶，左腿下垂，右腿盤曲，坐於束腰形墩上。鴨形壺形態逼眞，塑製精細，鴨嘴向上大張銜住壺嘴。少女頭部爲素胎，未施彩繪，身體及鴨形壺施三彩釉，釉色鮮艷瑩潤。此俑造型新穎，頗爲珍貴。

099　三彩抱鴨壺俑
唐(公元 618—907 年)
高 34 厘米
1987 年山西省長治市
西郊唐墓出土
山西省長治市博物館藏

三彩女立俑

100　仕女俑
唐(公元618—907年)
高約80厘米
1985年陝西省西安市
韓森寨出土
陝西省西安市文物園林
局藏

這件仕女俑形體高大,比較少見。她面容豐腴,小口朱唇,眉清目秀,溫柔恬靜。頭上髮式兩側呈扇形外突,正中一髻朝天。身着寬袖長裙,體態豐盈,衣紋舒展流暢。雕塑細膩,賦予陶俑以強烈的藝術魅力。

唐代墓葬中,陶俑分爲出行儀仗武士俑和男女婢僕俑兩大部分,盛唐視女子端莊豐腴爲美,所以出土的唐代陶塑女俑都較爲豐滿。

這件女立俑是唐代的典型作品。女俑頭梳鬟髮垂髻,面龐豐滿,朱唇粉面,眉清目秀;身着藍地黃花上衣、黃色長裙,肩披淡黃長巾;她右臂略前伸,手心向上,似乎訴說着什麼。這端莊秀美的面容,婀娜典雅的體態,展現了盛唐仕女的風采。

101　三彩女立俑
唐(公元618—907年)
高44.5厘米
1959年陝西省西安市
中堡村出土
陝西歷史博物館藏

文吏俑頭戴黑色梁冠，身着綠袍，寬袖邊緣爲黃地白斑，外罩裲襠，足穿綠色雲頭履，雙手交執胸前，中握笏板；面部蠶眉鳳眼，紅唇黑鬚，神態安祥恭謹，老成持重。是雕塑師用寫實手法精心製作的藝術品。

從北魏（公元三八六至五三四年）後期開始，在墓門的兩側，往往設有一對形體高大的衛士俑。到了唐代，受佛寺守衛天王的影響，鎭守墓門的甲冑武士俑逐漸演變爲天王俑。

天王俑亦被稱爲鎭墓俑，古人認爲它具有鎭惡驅邪的作用。其形體一般大於同墓隨葬的其它陶俑，並塑造得威風凛凛，令人敬畏。此俑頭戴朱雀冠，身披鎧甲，足踏臥牛，一手叉腰，一手握拳高擧。面部劍眉竪立，長髮橫出，居高臨下，怒目俯視。表現出天王俑橫掃鬼魅、戰勝邪惡的勇猛和威力。

三彩文吏俑　三彩天王俑

102　三彩文吏俑
唐（公元 618—907 年）
高 112 厘米
1981 年河南省洛陽市
龍門東山出土
河南省洛陽文物工作隊
藏

103　三彩天王俑
唐（公元 618—907 年）
高 113 厘米
1981 年河南省洛陽市
龍門東山出土
河南省洛陽文物工作隊
藏

三彩鎮墓獸　三彩鎮墓獸

從西晉(公元二六五至三
一七年)以後,墓葬中開始
有"鎮墓獸"。當初墓中只有一
件,人面獸身,四足直立。北魏
時期墓中鎮墓獸成雙,置於墓
門的兩側,作臥伏狀。北魏後期
兩個鎮墓獸一為獸面,一為人
面,都作蹲坐狀。到了唐代,鎮
墓獸的面目更加獰厲,人面和
獸面之間的差異逐漸減弱。

這件鎮墓獸人面獸身,蹲
伏在地,雙目圓睜,大耳開張,
口齒畢現,長髮豎立,背生長
戟,肩生雙翼,顯得威武凶猛。
是唐代匠師採用浪漫主義手法
精心塑製的藝術珍品。

唐朝經歷安史之亂以後,
社會動盪,墓葬制度也發生了
顯著變化,墓室簡化,規模縮
小,墓葬壁畫罕見,陶俑製作粗
簡,數量減少,天王俑和鎮墓獸
也愈加簡化。唐以後這兩種辟
邪陶塑逐漸絕跡。

104　三彩鎮墓獸
唐(公元 618—907 年)
高 103.5 厘米
1981 年河南省洛陽市
龍門東山出土
河南省洛陽文物工作隊
藏

這個三彩鎮墓獸頭生巨
角,肩有振翅雙翼,腦後剛毛聳
立,面目雙眼暴突,大口內獠牙
交錯,腮邊長鬚如刺,面目猙
獰,彷彿會隨時向上猛撲。鎮墓
獸通體施三彩釉,並用紅、綠、
黑、白等色彩繪,面部及雙翼多
處貼金,突出了這冥世間守護
神的威猛與獰厲,充滿了鎮邪
的威懾力。

105　三彩鎮墓獸
唐(公元 618—907 年)
高 130.2 厘米
1965 年甘肅省秦安縣
葉家堡出土
甘肅省博物館藏

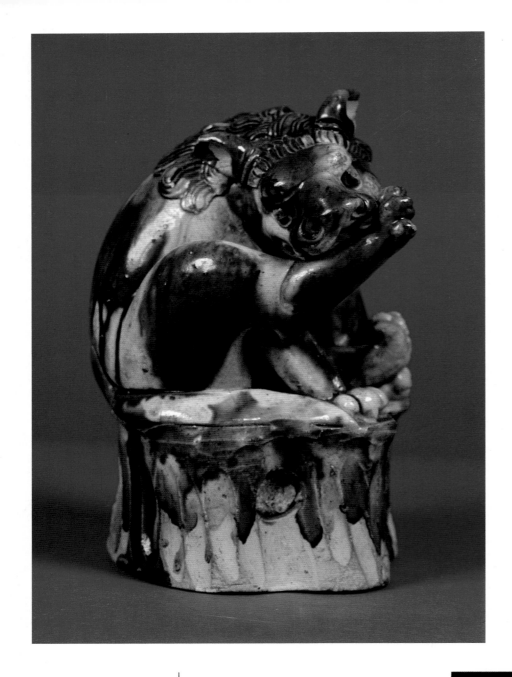

獅子本是凶猛的動物，在這裏却被塑造得惹人喜愛。它蹲伏於地，正低頭輕咬自己的後腿，顯得憨態可掬，似乎是隻討人歡心的小動物。

106 三彩獅
唐(公元618—907年)
高19.5厘米
1955年陝西省西安市
王家墳出土
陝西歷史博物館藏

107 褐釉小狗
唐(公元618—907年)
長14.2、高16厘米
1973年河南省洛陽市
澗西區谷水出土
河南省洛陽文物工作隊
藏

唐代三彩和釉陶器，出現了許多小動物的形象，這件褐釉小狗就是其中之一。它尖嘴平額，雙耳下垂，突胸細腰，長尾曳地，顯得玲瓏可愛。有人認為這種狗是從國外傳入的供達官貴人玩賞的寵物。

三彩獅　褐釉小狗　三彩假山水池

早在漢代，皇家即已大規模營建園林，以後，各代達官貴人也紛紛效仿，修建私家園林。這件三彩假山水池就是一件私家園林的模型，它與三彩房屋、庭院同時出土。人工砌築的假山重巒疊嶂，其上遍佈花草，幾隻小鳥正覓食鳴唱，山前水池邊兩隻小鳥在飲水。這件假山水池雖為人工營造，却富於自然情趣，是目前發現最早的古代園林建築模型，頗為珍貴。

108 三彩假山水池
唐(公元 618—907 年)
高 18 厘米
1959 年陝西省西安市
中堡村出土
陝西歷史博物館藏

三彩塔式罐

這是一件明器,一般稱為魂瓶。是放骨灰用的。這種塔式罐流行於唐代,因其蓋似塔而得名。此罐下部為喇叭形座,中間為三層仰覆蓮瓣組成的蓮臺,上部為球形罐及塔剎形罐蓋,罐肩部飾相互交錯的三個象頭和三個龍頭。此罐形似佛塔,通體飾三彩釉。罐蓋下部、罐口周圍及底座處的彩釉酷似蓮瓣。外觀流光溢彩、華貴典雅。這件塔式罐反映出佛教文化對中國古典藝術的影響。

這件塔式罐以象為底座,極為罕見。象是佛教藝術中的吉祥動物,此罐造型肯定是受到了佛教的影響。這裏的象身軀肥圓,頭部畫出籠轡,長牙突出,象鼻曳地,雙耳如扇,姿態似行似停,十分逼真。象背托三層仰覆蓮瓣構成的蓮臺,上置圓罐,罐四面又堆塑四象首。上為塔式罐蓋。構思奇特,外觀莊重,除具有實用價值外,還是一件珍貴的藝術品。

彩繪象座塔式罐

109　三彩塔式罐
唐（公元618—907年）
高68.5厘米
1959年陝西省西安市
中堡村出土
陝西歷史博物館藏

110　彩繪象座塔式罐
唐（公元618—907年）
高67厘米
1966年陝西省西安市
出土
陝西歷史博物館藏

三彩燈　黃綠釉鸚鵡形壺

112　黃綠釉鸚鵡形壺
唐(公元618—907年)
高19.5、底徑8.9厘米
1960年內蒙古自治區
烏蘭察布盟和林格爾縣
出土
內蒙古自治區博物館藏

此壺整體製成鸚鵡形。鸚鵡立於圓形底座之上,背部有提梁和注水口,腹內中空,嘴為出水口。鸚鵡全身刻劃細緻,頭部、翅膀、脚爪塑造逼真,雙眼和嘴部生動傳神,整體形象富於寫實性。

此燈由座、柄、盤、盞四部分組成。盤中心為一仰蓮,盞置於仰蓮之中。柄似竹節,中間以仰、覆蓮相接。座為覆盆式,上貼飾海貝、獸面及力士。此燈雖未點燃,却已光彩照人,華光四射,不愧為三彩中的珍品。

唐以後宋元以俑隨葬的習俗日漸衰落,而紙製明器亦開始流行。隨着唐王朝的瓦解,中國陶塑史也翻過最輝煌的一頁。瓷器藝術以其精湛的工藝開始了新的篇章。

111　三彩燈
唐(公元618—907年)
高45.5、底座直徑22.6
厘米
1987年河南省洛陽市
吉利區唐墓出土
河南省洛陽文物工作隊
藏

青銅器篇

導言

用青銅鑄成的歷史，在中國大約延續了兩千五百餘年。其間，人們不僅用青銅製造祭祀的禮器、征伐的兵器，還把文字鑄在青銅器上，紀錄下一個輝煌的時代。

中國有許多青銅器傳世品，但大多是近半個世紀以來出土的。這些青銅器數量之巨，種類之多，工藝之精，無不令人讚嘆。它所達到的技術水準和藝術特色，被認爲是世界上古文明中最突出的成就之一。

青銅是銅與錫、銅與鉛的合金，很早就被人類認識和利用了。在距今五千年左右，黃河流域先後出現了製作小件青銅器的嘗試。考古學家在甘肅、陝西、河南等省的新石器時代晚期遺址中，都發現過青銅器具或殘片。

距今四千年前後的夏代，青銅冶鑄技術已有一定程度的發展。《漢書‧郊祀誌》中說，夏朝首領禹收天下之銅，鑄九鼎象徵天下九洲。因此，自夏朝始，至商周，九鼎就成爲王權的象徵。但迄今未見到過夏鼎，不過，我們在相當於夏代的河南省偃師二里頭文化遺址，發現了飾有乳釘紋的青銅爵和銅鈴。

青銅文化的繁榮有賴於銅礦資源的發現與開發，以及冶鑄技術的進步。現在已知早期開發的礦點，遍及武漢以下長江南岸和黃河以北的遼寧等地。而新石器時代高超的製陶技術和燒製手段，則爲冶鑄青銅奠定了堅實的基礎。因此，從商代(公元前十七世紀至前十一世紀)開始，中國青銅文化便進入了一個波瀾壯闊、氣象萬千的發展時期。

商代前期，青銅器的種類和數量明顯增加，炊器、食器、水器、酒器等各種容器，器形質樸豐滿，紋飾富於想象力而又有莊重感。一九七四年和一九八二年，河南省鄭州市商朝都城遺址中先後出土了四件青銅大方鼎，大的高一米，重八十六公斤；小的高零點七八米，重六十四公斤。這些巨大的器物，當是王室擁有的重器，代表了商前期青銅工藝的發展水平。

商代後期，即商都遷殷(今河南省安陽市)之後的二百多年時間裏，商王朝經濟發達，國力強盛，各種手工業得到迅猛發展。青銅藝術也隨之出現了一個繁榮時期。考古學家在北至內蒙古、南到廣西，東起山東、西至陝西、四川的廣大土地上，都發現有商代後期的青銅器，而中心點則在河南省安陽的殷墟。

殷墟青銅器，在北宋(公元九六〇至一一二七年)史籍上即有發現的記載。一九三九年三月在安陽市武官村出土了司母戊大方鼎，高一點三三米，重八百七十五公斤。這是中國已發現的最大的青銅器，鑄造如此巨器，估計要需二三百人精心協作。由此可見當時已具有很高的冶鑄水平。一九七六年，在殷墟小屯西北發掘了一座商墓，墓主爲甲骨卜辭記錄的商王武丁之妃"婦好"，出土各式青銅器竟多達四百六十八件，其中有二百多件禮器，如圓鼎、方鼎、簋、尊、壺、爵、盤等，件件都鑄造精良，造型奇特，紋飾優美。這個發現啓示我們：倘若殷墟那些帝王陵墓未曾被盜掘的話，當有更多的青銅藝術品面世。

這一時期的青銅器紋飾大體可分爲三類，一是以點、綫、圓形、方形、三角形爲基本要素的幾何紋；二是寫實或在一定程度上抽象化了的各種動物紋；三是傳說中的神獸紋。每一種紋樣又並非呆滯地模擬，而是極富變化的。幾何紋具有美的旋律感，動物紋顯示出濃厚的生活氣息，神獸紋則使本來已顯得莊重的器物平添了幾分神秘。

以傳說中的神獸饕餮、夔龍等作爲裝飾花紋，是商代青銅器的一個突出特點。這種圖紋多取獸面的某些部分如一雙眼睛，或一張大口爲裝飾主體，在華美中又給人以威嚴、恐怖之感。或許是殷人認爲，這種神獸圖紋對於異氏族和部落來說，是威懾恐嚇的符號，對於本氏族和部落則具有保護的神力吧。聯繫到殷人埋葬制度中的殺殉之風，那麼在商代青銅文化中包藏着濃重的原始宗教觀念，以及早期文明時代野蠻而粗獷的氣質，也是很自然的了。然而正是因爲如此，商代青銅器才具有一種令人心馳神往的魅力！

在長江流域諸多商代青銅器的發現具有特殊的意義。近年來，四川省廣漢三星堆的古蜀國青銅器和江西省新幹大洋洲晚商青銅器的出土，轟動了整個學術界。前者如青銅人立像、人面具、神樹等，後者如青銅立鹿四足甗、方腹卣、伏鳥雙尾虎等，在造型、紋飾等許多方面不同於中原，而工藝之精湛則可與中原媲美。過去，在湖南、安徽等省曾陸續發現過四羊尊、大銅鐃、龍虎尊等青銅寶器。所有這些事實都表明，南方長江流域有着與北方黃河流域同樣光輝的青銅文明。

公元前十一世紀到公元前七七〇年的西周文化在繼承豐厚的殷商文化的基礎上，更加興盛，青銅器的製作也取得了超越前代的卓著成就。

西周是一個以禮制規範人們思想行爲的社會。因此，所製作的青銅器也充分表現了周禮文化的特徵。西周青銅禮器是個人身份的表徵，禮器的多寡表示身份地位的高低，形製的大小亦顯示出權力的等級。天子、諸侯、卿大夫依名份而遞減禮器的件數與形製的大小。與商代相比，西周青銅禮器的種類有較大增加，突出表現爲形製恢宏,風格樸實。作爲食器的鼎、簋、盉等增多,並出現了用於盛稻粱的簠、盨、盆,盛水的匜,以及樂器編鐘、兵器劍、戟等。在紋飾方面,如果說西周早期依然流行神秘的神獸紋的話,那麼自中期開始,已向圖案化、程式化方向發展,威嚴神秘之感日漸消失。

自西周早期開始,在青銅器上鑄銘文的做法顯著增多。一器上有數十字者相當普遍,一些長篇銘文竟達十幾行、二三十行,數百個字。周人認爲青銅器極其牢固,銘文記事可以流傳不朽,因而銘文內容十分廣泛:有記載周王對自己的獎賞冊封的,有記載戰爭功績的,有記錄契約盟誓的,有記錄交換、訴訟、祭祀的,反映了許多有關當時政治、軍事、經濟以及典章制度和貴族活動。青銅器銘文被後來的金石學家們稱作"金文"、"鐘鼎文",是中國古代繼甲骨文之後又一批重要典籍。目前發現的金文單字有三千五百個左右,而已釋出的僅二千字,這部深奧的史書,尚有待於進一步探索。金文書體在中國書法藝術史上佔有重要的地位,它顯示出嚴謹的結構美,筆劃或遒勁雄渾,或圓潤雅致,至今爲人們所推崇。

春秋戰國時代(公元前七七〇至前二二一年),周王室衰微,諸侯爭雄,西周時完善起來的"禮制"世界被打破了。以前爲王室和王朝臣屬享有的青銅器,此時大小諸侯競相鑄造;以前多見於賞賜,此時已大量作爲陪嫁媵器。青銅器的使用範圍明顯地趨向於日用化、生活化,除禮器外,還製造了銅鏡、帶鉤、璽印、貨幣以及各種兵器、農具等大量用具。

這一時期的青銅鑄造技術和加工工藝有了極大的發展。主要表現爲鑄造青銅器的模具——泥質陶範的質量達到了優質的精密鑄造水平;創造了以

蠟模鑄造的新技術——失蠟法。河南省淅川出土的雲紋銅禁、湖北省隨縣出土的曾侯乙尊盤,其纏繞糾結的複雜花紋,令人嘆爲觀止。像曾侯乙編鐘那樣的青銅樂器巨製,亦爲舉世罕見。

青銅器的紋飾特點是細膩而繁縟,有的器物上還設計出射獵、宴樂等場面,使紋飾具有華美的藝術效果。尤其是錯金銀、錯紅銅、包金銀、鎏金和細綫刻鏤等新技術的發展和應用,使青銅器變得更加絢麗多彩。

時至秦漢(公元前二二一年至公元二二〇年),青銅器的形製已多固定化,因爲崇尚實用,器形更加趨向於樸素輕巧。這一時期的作品十分精美華貴。秦始皇陵區出土的兩乘銅車馬,是古代青銅工藝的最高傑作。這兩乘銅車馬,一爲戎車,一爲安車,一前一後,是表現鑾駕隊伍中帝王乘輿的隨駕車輛。它的成就在於:形體大,相當於眞車眞馬的一半,兩車長達五米,重兩噸多。其二是造型美,車、馬、馭手和諧統一,逼眞傳神。其三是工藝精,車馬及所有裝配附件、飾物均按比例用青銅製成,外施彩繪,使這組複雜的銅車馬,不僅豪華富麗,而且靈活自如。科學家們認爲,它在機械工程方面,體現了機械學、力學、工藝學、材料學的很高的科技水平。

河北省滿城漢代中山靖王劉勝夫婦墓出土的著名的博山爐,是一座精美的青銅群雕,山巒、雲氣、人物、禽獸刻劃生動,加之嵌錯以細如髮絲的金銀紋飾,顯得十分華貴。出土的長信宮燈通體鎏金,造型是一個溫柔端莊而又帶着幾分稚氣的宮女,手持宮燈,雙膝跪坐,構思新穎。甘肅省武威市發現的銅奔馬,設計者更是匠心獨運,抓住"馬踏飛燕"閃電般的瞬間,塑造出中國青銅藝術史上膾炙

人口的傑作。秦漢時期青銅工藝的種種成就,是令人難以企及的。它是中國古代青銅藝術漫長的歷程上一縷耀眼的餘輝。

雷從雲

雷從雲,男,一九三九年生於四川省長壽縣。一九六四年畢業於北京大學歷史系考古專業。副研究員。中國文物交流中心副主任。曾在中國歷史博物館從事陳列研究工作,並着力於先秦考古研究。在國內外學術刊物上發表多篇論文。近年來主要從事中國文物出國展覽的業務工作,組織了多項對外文物展覽,主編或參與編寫了多種展覽圖錄。另合著有《圖說中華五千年》、《西安的歷史巡歷》、《中國古代宗教建築》、《中國宮殿史》等書。

獸面乳釘紋方鼎 "婦好"扁足方鼎

　　鼎是青銅器中的重器。按文獻記載,商周時代不同身份的人,使用不同數目的鼎:天子九鼎、諸侯七鼎、大夫五鼎、元士三鼎或一鼎。超越這個制度,被視作"僭越",即"越禮"。鼎還當作國家政權的象徵,如把過問國家權力稱作"問鼎"。

　　鼎又是一種炊器,用以烹煮或盛裝肉食,一般有圓鼎和方鼎兩種。這件獸面乳釘紋方鼎,是商代早期的器物,也是目前所見到的最早的銅鼎。該鼎器壁較薄,以獸面紋和乳釘紋作主要紋飾。從留於鼎體上的範痕看,係採用多範分鑄而成,先鑄兩耳,再鑄鼎腹,然後鑄鼎足,技術比較複雜,說明到商代早期,中國的青銅冶鑄技術已達到了較高水平。

113　獸面乳釘紋方鼎
商(公元前 17 世紀—
前 11 世紀)
高 100、口縱 60.8、口橫
62.5 厘米
重 86 公斤
1974 年河南省鄭州市
張寨南街出土
河南省博物館藏

　　鼎腹四壁均飾有捲角的獸面紋,兩側各有一條夔龍為附飾。立耳、平底、腹壁四角各以一夔龍作為扁足,氣勢雄奇。

　　鼎內底中部有銘文"婦好"二字,這說明"婦好"是方鼎的主人。此鼎是中國近半個世紀以來,僅出土過兩件扁足方鼎中的一件。

114　"婦好"扁足方鼎
商(公元前 17 世紀—
前 11 世紀)
通高 42.4、口縱 25.1、口
橫 33.3 厘米
重 17 公斤
1976 年河南省安陽殷
墟五號墓出土
中國社會科學院考古研
究所藏

臥虎扁夔足鼎

此鼎爲雙立耳，耳上各有臥虎一隻，厚唇、淺圓腹，唇沿飾燕尾紋一周。腹部飾有三組精緻的獸面紋。腹三隻扁圓狀夔龍，頭上尾下地鼎立爲三足。此器紋飾精美，造型新奇，是商代扁夔足鼎中的精品之一。

115 臥虎扁夔足鼎
商 (公元前 17 世紀—前 11 世紀)
高 64 厘米
1989 年江西省新幹縣大洋洲出土
江西省博物館藏

116 司母戊鼎
商 (公元前 17 世紀—前 11 世紀)
通高 133、口長 110、足高 46、壁厚 6 厘米
重 875 公斤
1939 年河南省安陽市侯家莊出土
中國歷史博物館藏

司母戊鼎(註)是世界上罕見的靑銅重器;也是迄今爲止所出土的銅鼎中最大最重的一件。鼎爲立耳，長方形腹，四柱中空，腹內壁有"司母戊"三字。

關於"司母戊"三字中的第一字亦有識作"后"者，三字作何解釋，目前學術界說法不一，而"母戊"二字無疑爲商代人名。在後來考古發現提供的證據表明，此鼎爲商武丁、祖庚、祖甲時鑄造。是中國商代靑銅器中的傑作，代表了商代靑銅鑄造技術的發展水平。

註:銅鼎爲古代炊器，與現代的鍋類似，可用來煮或盛食物。一般鼎的形狀多爲圓腹，用以容物，上有兩耳對立於口沿，便於穿棍抬舉。下有三足，便於架火燃燒。

傳世大鼎高有三尺，最小不過四寸。鼎的形製因時而異。商代前期多圓腹尖足，也有柱足方鼎和扁足鼎，商代後期圓腹柱足鼎佔多數，同時分襠鼎增多，尖足鼎基本消失。西周後期，扁足鼎和方足鼎基本消失，鼎足多呈蹄形。戰國鼎多斂口，皆有蓋，附耳，腹作西瓜形，足漸短小，蓋上有三個裝飾的鈕把，型如祭祀的牲畜。秦漢鼎已是尾聲，大鼎已不見傳世。

司母戊鼎

龍紋兕觥　人面紋方鼎

117 龍紋兕觥
商(公元前 17 世紀—
前 11 世紀)
通高 18.8、長 24.1 厘米
1959 年山西省石樓縣
出土
山西省博物館藏

觥是商周酒器中的一種，造型比較特殊。《說文》解釋觥是一種兕牛角飲酒器。《詩經》中屢見有兕觥的詩句，如"兕觥其觩(音求，獸角彎曲貌)，旨酒思柔"；"朋酒斯饗，曰殺羔羊；躋彼公堂，稱彼兕觥，萬壽無疆！"均同酒連在一起。但對兕觥的形狀，直至清末都未有一致的認識。龍紋兕觥的發現，可說解了此器的千古之謎，而形狀確似《詩經》所說的"兕觥其觩"的樣子。

兕觥，目前僅發現少數幾件。此件龍紋兕觥全形似牛角，下有長方形矮圈足，前端為龍首形，造型奇巧，而放置起來又很穩定。全身遍飾華麗精美的圖案，甚為珍貴。紋飾中有一種鼉紋，飾於觥身兩側。鼉，亦稱揚子鰐，為中國特產動物，分佈在長江下游，以鼉作為紋飾，在青銅器紋飾中極為罕見。

"后毌辛"觥

這件柱狀直足的長方形鼎(註)，最引人注目的是鼎的四周，以四個大而醒目的半浮雕人面作爲裝飾紋樣的主題。四個人面，兩側的較大，兩端的較窄。人面五官部位十分準確，與真人面像相差無幾。器身的四角作出扉棱，其它部位飾有雲雷紋、夔龍紋。整個器形顯得莊重肅穆。

用人面作器物的裝飾，早在新石器時代的陶器上就出現過，商周青銅器中也有這類器物。但像這樣用四個人面作主體裝飾的銅器，還是迄今所僅見。鼎內一側中部有篆體銘文"禾大"二字，故有禾大方鼎之稱。

觥是中國古代青銅製盛酒器。始見於商代而盛行於商和西周前期。器形作牛角橫置狀的較早，後出現帶流帶蓋的瓢形觥和動物形觥。

此觥是一禽獸形狀的複合體，首似牛頭而額頂有捲角，前肢如馬足，後部爲獸首鳥身像，獸頭鑄於鋬上連繫兩側飾以大鳥翼，下有粗壯的鷙鳥足。是商代仿生銅器中，造型非常突出的禽獸形容酒器。蓋內有銘文"后毌辛"三字，亦稱"后毌辛"觥。

"婦好"鴞尊

120 "婦好"鴞尊
商(公元前17世紀——
前11世紀)
通高45.9厘米
1976年河南省安陽殷
墟五號墓出土
中國科學院考古研究所
藏

鴞鳥俗稱"貓頭鷹",鴞在人們心目中的形象,有不同的發展演變過程,有視爲惡鳥的,有視爲不祥之兆的。但在商代的銅器、陶器、玉器、石器中常見到鴞的形象,且製作均非常精美,顯然是人們喜愛和崇拜的一種神聖的鳥了。

婦好墓出土的鴞尊爲一對,形製相同,造型典雅凝重,處處獨具匠心。你看它,頭微昂,圓眼寬喙,小耳高冠,胸略外突,雙翅並攏,雙足粗壯有力,四爪踞地,寬尾下垂,亭亭站立,好不神氣! 我們從這件鴞尊上仿佛領略到了商人高雅的審美情趣和浪漫氣質。

鴞尊口下內壁有銘"婦好"二字。婦好是商王武丁配偶之一,在殷墟卜辭中有較多的記載。她曾參與國家大事,從事征戰,主持祭祀,有相當顯赫的地位與聲譽。用這樣青銅禮器隨葬,當有表現婦好地位和權力的作用。

象尊

《周禮·春官》司尊彝有所謂"六尊"，即獻(犧)尊、象尊、著尊、壺尊、大尊、山尊。司尊彝還提到尊有鳥獸形器。鳥獸尊如象尊、犀尊、牛尊、羊尊、虎尊、豕尊、駒尊、麑尊、鴞尊等，在商周青銅器中都有發現。

這件象尊，象的造型肥碩，長鼻高舉，四足堅實，不僅整個象形的雕塑極為生動傳神，而且象身上鑄出的裝飾花紋極其奇異繁褥，鳳鳥、伏虎、蟠虺、夔龍等禽獸紋和各種幾何紋，飾滿皆清晰可見。作為盛酒容器，背部有口，酒可以由此注入；鼻孔與腹部相通，用作流口，酒可以從鼻孔倒出。商代匠人能造出如此逼真的象形酒尊，仿佛必有真象作模特才有可能。

121 象尊
商(公元前17世紀——前11世紀)
高 22.8、長 26.5厘米，重 2.57公斤
1975年湖南省醴陵縣獅形山出土
湖南省博物館藏

四羊方尊

122 四羊方尊
商(公元前17世紀—
前11世紀)
高58.3、口徑52.4厘米,
重34.5公斤
1938年湖南省寧鄉縣
出土
中國歷史博物館藏

　　尊是一種酒器。金文中的"尊"字像雙手捧酉形。今天人們悉稱的"尊",是沿用宋代金石學家的定名約定俗成的。四羊方尊是中國商代青銅器中所見最大的方尊。它造型雄偉,風格灑脫,獨樹一幟,迄今未見與之同樣的器物。

　　這個喇叭狀的方形大尊,最突出的部分是在尊的四肩、腹部及足有四頭大捲角羊。它們昂首前方而又腳踏實地將尊穩穩托起。尊及羊的身上滿飾細密的雷紋(一種略呈回形的紋樣),還有龍紋、夔紋、獸面紋、蕉葉、扉棱等裝飾。它集圓雕、浮雕、綫刻於一器,將主體雕塑與平面圖像結合起來,把器皿和動物形象結合起來,渾然一體,恰到好處,堪稱商代青銅器中的傑作。

鴞形卣

橢圓形卣滿佈精緻的花紋，非常像兩隻背背相貼的鴞鴞。提梁兩端飾象首紋，蓋頂有一蘑菇狀圓柱。蓋以雲雷紋襯地，上飾兩組饕餮紋，鼻部突出，主體花紋為鴞的兩翼，腹部飾捲尾和四條小夔龍，中有扉棱。下腹還有四隻小鳥。器底有龜紋。四足中空，外飾夔龍。如此精巧有趣的造型和別致的裝飾花紋，堪稱商代銅器中的精品。

123 鴞形卣
商 (公元前 17 世紀——前 11 世紀)
通高 18.5 厘米，重 3.9 公斤
1980 年河南省羅山縣莽張出土
河南省信陽地區博物館藏

古父己卣　戈卣

古父己卣是現存商周酒器中比較特殊的一種。整器爲筒形，頸部及圈足均飾夔紋，腹部飾以浮雕大牛頭，雙角翹起，突出器外，巨睛凝視，威猛雄健。器身及蓋有銘文：「古亞作父己彝」，是古亞氏爲父己所作的祭器。

這件容酒戈卣(註)是在距地表僅二十厘米處土層中被發掘的，出土時卣中內裝各種玉飾三百二十件。器體青銅氧化呈現黑色，而提梁却是翠綠色，這是在鑄造時使用了兩種不同的銅錫合金成分，並分兩次鑄造而產生的效果。

戈卣蓋邊、器口、腹部、圈足都飾有不同形式的鳥紋，並用繡密而有規律的雷紋作地紋，提梁正背各飾夔紋，兩端有獸頭，置於器的正面。戈卣四面做出的棱背，加重了高大和穩重之感。

此卣有銘文「戈」字，可能是器主的族名。

124　古父己卣
商(公元前17世紀—前11世紀)
高 33.2、口徑 15.7、腹徑 15.3厘米
上海博物館藏

125　戈卣
商(公元前17世紀—前11世紀)
通高 39、口縱 13.1、口橫 15.4厘米
重 10.75公斤
1970年湖南省寧鄉縣黃材村出土
湖南省博物館藏

註：卣是古代祭祀時盛酒用的酒器中最重要的一類，考古發現數量很多。器形多爲橢圓口、深腹、圈足，有蓋和提梁。腹或圓或橢圓或方，也有作圓筒形，鳥形，虎形。銅卣主要盛行於商代和西周。商代銅卣多爲橢圓形或方形。西周銅卣多爲圓形。

四虎獸面紋鐃 獸面紋鼓 獸面紋大鉞

鐃厚重雄偉，是同類樂器(註)中罕見的巨製，兩面各飾有寬壯的變形獸面紋，鐃口內側各有兩隻臥虎，這在青銅鐃的裝飾方法中是一個奇特之舉。鐃柄中空，可置於器座之上敲擊演奏。此鐃可能與商代當時的宗教活動有關。

126 四虎獸面紋鐃
商（公元前17世紀——前11世紀）
通高89、口縱40、口橫58.5厘米
重154公斤
湖南省寧鄉縣出土
湖南省博物館藏

註：銅鐃三個或五個一組，大小次，音律不同，以槌擊之而鳴。

獸面紋鼓的鼓身、鼓面、鈕和座，全係青銅分鑄而成，其造型與現在使用的鼓完全相同。鼓周身遍飾雲雷紋及由夔紋構成的獸面紋；鼓面邊緣有三周釘紋，猶如木鼓的蒙皮排釘。它啟示我們，現今還在使用的打擊樂器鼓，早在商代就已經定型了；而鼓面的三行釘紋，則表現的是木筒皮鼓的工藝特點，當是仿照木筒皮鼓製作的。

這件獸面紋鼓是現存國內唯一的一面商代青銅鼓，彌足珍貴。

127 獸面紋鼓
商 (公元前17世紀—前11世紀)
高75.5、鼓體上寬49、下寬39、鼓面縱39.5、橫38厘米
1977年湖北省崇陽縣出土
湖北省博物館藏

128 獸面紋大鉞
商 (公元前17世紀—前11世紀)
通高31.8、刃寬35.8厘米,重4.7公斤
1966年山東省益都縣蘇阜屯出土
山東省博物館藏

鉞的形製巨大，其裝飾獸面紋採用了透雕的手法，目、耳和獠牙非常誇張，使其形象更有威嚴感。

此鉞為儀仗用兵器。能使用這等鉞者當是地位很高的貴族。

雙面人頭形神器

扁平中空的雙面人頭形器，頭頂雙角高高曲捲，頂心和脖子有插管洞穿。面部圓突的雙眼，蒜頭狀鼻子和露齒的大嘴，顯得神秘奇特和古怪。

此器可能與祭祀有關，也有人認為它是禮器或儀仗器物上的飾件。

伏鳥雙尾虎

129 雙面人頭形神器
商(公元前17世紀—前
11世紀)
通高53、角距38.5厘米
1989年江西省新幹縣
大洋洲出土
江西省博物館藏

130 伏鳥雙尾虎
商(公元前17世紀—
前11世紀)
高25.5、長53.5厘米
1989年江西省新幹縣
大洋洲出土
江西省博物館藏

　　半臥欲伏、張口齜牙的銅
虎，突目粗眉，兩耳聳立，後垂
雙尾。虎背中央伏臥一隻小鳥。
虎身飾陰綫條雷紋。造型憨厚
樸實而不減虎威。

三星堆兩個祭祀坑，共出土與真人一般大小的青銅人像七十餘尊，包括全身立像、人頭像和人面像。以這尊全身雕像最為珍貴。

雕像造型如同一位偉人，站立在一座別致的方形基臺上。面目端莊，神態肅穆，雙臂曲肘握物，具有濃厚的寫實風格。身穿窄袖緊身長袍，前襟在左腋下開啓扣合，即"左衽"，下擺前面平齊，後面成燕尾形。有學者研究，他可能是古蜀國某一代王的形象。

這尊雕像比史籍所載的秦始皇鑄造十二銅人要早約一千年，就古代世界而言，它也是目前所知由青銅鑄造的最早最大雕像。

圓頂形胄(註)頂中部凸起--縱向高脊棱，正面是浮雕獸面紋。頂心有插纓飾的插管。銅胄雕鑄明快大氣，形製威武雄健，是目前所見最早的銅胄之一。

131 古蜀人立像
商(公元前17世紀—前11世紀)
通高260、座高78.8、人像高163.5厘米。
1986年四川省廣漢市三星堆出土
四川省文物管理委員會藏

132 胄
商(公元前17世紀—前11世紀)
高18.7、徑18.6—21厘米
1989年江西省新幹縣大洋洲出土
江西省博物館藏

註：胄，武士頭盔的古稱，打仗時保護頭部的盔甲。

古蜀人立像　冑　人頭像

133　人頭像
商 (公元前 17 世紀 —
前 11 世紀)
通高 34 厘米
1986 年四川省廣漢市
三星堆出土
四川省文物管理委員會
藏

　　銅像冠飾奇特，面部塑造
的表情堅毅。粗眉大眼，眸利有
神；寬口尖鼻，棱角突出；展闊的
雙耳，耳垂上各有一穿孔。匠師
大輪闊、大誇張的藝術塑造，渲
染着古蜀王國的神秘，展現了
古蜀文化的絢麗特色。

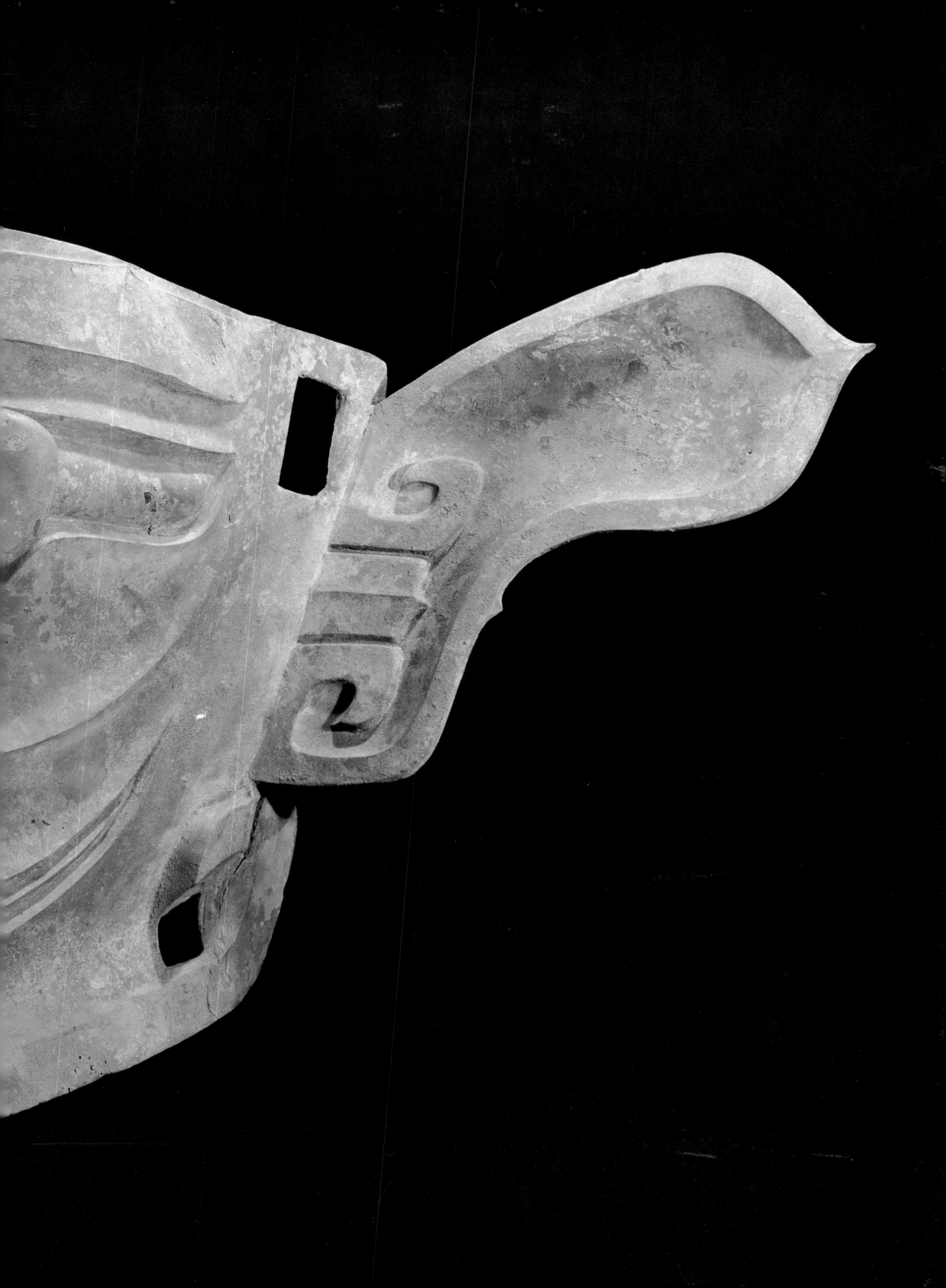

大型人面具　淳化大鼎獣簋利簋

人面形體巨大，造型粗獷、兩眼球凸出眼眶外約三十厘米，長耳闊口，額正中有一方孔，其形象於神氣、威嚴之中又給人以神秘莫測的感覺。此器是目前在中國發現的最大型青銅人面，至於眼球何以如此外凸，如今還是一個令人難解的謎。

鼎圓形，沿外折，沿上對稱聳立着粗大雙耳，上端略外侈。腹部較深，底部平闊，下腹大於上腹，外形成垂腹狀。造型莊重，形體龐大，是迄今發現最大的圓銅鼎之一。

鼎體飾雙龍紋，龍首突起，正面猶如獸面，側面好似游龍飛舞，整幅龍紋飾勾畫得神采奕奕。在鼎上加以龍紋裝飾，反映了西周時的人們視自己為龍子，同時也反映了當時的一種王權思想。

䚈簋是以作器者的名字定名的。學者認爲，"䚈"即周厲王"胡"。簋作鼓形腹，雙耳寬大而紋飾華美，圈足下有厚重的方座，是目前所見西周青銅簋中的最大者。

䚈簋內底有銘文十二行，一百二十四字，大意是：周厲王晝夜不敢逸樂，以供祀先王。在大禮中享祀先王是天王之常道，只有偉大的先王才有資格配享皇天，所以我便率領官吏百姓頌揚先王，並以禮祭於祖廟。䚈作此寶簋，以豐厚的祭品享待我偉大的、既有文德又有武功的先輩、父親以至於前朝有德之人。先王與有文德之先人常往來於上帝之所，敬申上帝宏大而美好的命令，以忠誠地保佑我周王室和我的王位。我深感自身責任重大，力不從心，故祈求上天和先王降我福祉，以使我能效法先王偉大而深遠的謀略。我將多多的祭祀，以祈求長命。先王先祖高高在上，護佑下方。

銘文是一篇生動的禱辭，同典籍中記述的西周祭禮制度，周人的順應天命、尊祖敬天的思想完全一致。

136 䚈簋
西周（公元前 11 世紀——前 771 年）
高 59、口徑 43 厘米
1978 年陝西省扶風縣法門鎮出土
陝西省扶風縣博物館藏

簋在青銅器中是一種盛食器。利簋是我們目前發現的西周最早的青銅重器。它在兩隻對稱的獸形耳下作出垂珥，圈足下作出方座，腹部與方座飾有獸面紋、夔紋和蟬紋，造型莊重，紋飾古樸。

利簋的更大價值在於器內底部的銘文。文四行三十二字，大意是：武王伐紂，在甲子日黎明，對伐商能否取得勝利進行了卜問，兆頭很好。就在當日，周師一舉打敗了商軍。到辛未這天（即甲子日後的第七天），武王在駐軍處，賜給有事（官名）利以金（銅），利感到很榮耀，鑄成這件銅簋以作紀念。

武王伐紂的"牧野之戰"是中國古史上的大事件。史載這場戰役開始於"甲子"這天的黎明，又在當天結束。由於這場戰爭關係到歷時近六百年的商王朝的最後傾覆，歷來談論這件事的人，多對"甲子"日和一天之內結束兩點有疑惑。

利簋銘文有"唯甲子朝"四字，同文獻記載完全一致；而武王在離戰爭開始之日只有七天，就在進行慶功行賞，那麼以此推斷《韓非子》所載牧野"戰，一日而破紂之國"是確有根據的。利簋成爲武王時期青銅器的標準器，利簋銘文是周初金文中直接記述武王伐商的唯一珍貴史料。所以，是一件真正的國之瑰寶。

137 利簋
西周（公元前 11 世紀——前 771 年）
高 28、口徑 22 厘米
1976 年陝西省臨潼縣出土
陝西省臨潼縣博物館藏

史牆盤

138 史牆盤
西周（公元前 11 世紀
——前 771 年）
通高 16.2、口徑 47.3、深
8.6 厘米
1976 年陝西省扶風縣
莊白村出土
陝西省周原博物館藏

註：銅盤是商代至戰國
時期流行的一種水器。
古時講究禮儀盥洗用匜
澆水，以盤承接。不拘禮
儀時也有直接用盤盛水
洗手洗臉。盤多為圓形，
淺腹。商盤無耳，圈足，
器內多用龜紋作裝飾。
有的還在邊沿鑄立鳥。
西周至春秋的盤多有附
耳，有圈足或三足，有的
還有流（流水口）。西周
晚期到戰國的盤有長方
形。個別無耳，但有圈底
的。

夔紋禁

盤是商至戰國時期流行的一種洗手用具(註)。此盤敞口，淺腹、圈足，腹外附雙耳、腹部裝飾垂冠分尾長鳳鳥紋。寓意"吉祥之物"。圈足飾兩端上下卷曲雲紋，全盤紋飾以回旋綫組成的雲雷紋填地，格外清麗流暢。

盤底刻有銘文十八行，共二百八十四字，記述了西周文、武、成、康、昭、穆六王的重要史迹及作器者家世。對於研究西周的歷史極爲重要，也是近幾十年來，發現刻銘文最多的銅器。

此盤是西周微氏家族一位名牆的人，爲紀念先祖而作，又因作器者牆爲史官，故習稱"史牆盤"。

禁是古代貴族祭祀祖先和天地神靈時，用來置放酒器的一種器座。此禁面上有三個橢圓形孔，□放置成組的青銅卣和觥等大□酒器的器座。周邊飾夔紋。此□形製巨大，是西周青銅禮器中□□重器(註)。

139 夔紋禁
西周(公元前 11 世紀
—前 771 年)
高 23、長 16、寬 46.6 厘米
1925 年陝西省寶鷄市鬥鷄臺出土
天津市文物管理處藏

註：西周初年的銅禁中國只出土兩件，一件藏於美國紐約市博物館。它的側壁有八個長方孔。而國內收藏的這件側壁有十六個長方孔。

何尊

尊爲橢方形，即口圓體方，其頸爲蕉葉獸紋，下緣蛇紋，腹飾捲角獸面紋。紋飾採用高浮雕工藝，腹部的獸面紋捲角更聳出尊的表面，四透雕大棱脊將整個尊作爲四等分，其瑰奇精麗，實爲罕見。

尊內底鑄滿銘文，共十二行，一百一十九字。大意是：成王營造成周洛邑(今洛陽)，祭祀武王，在四月丙午這天，成王對宗室成員們作一次訓誥，指出宗室成員何所之父，當年輔弼周文王，很有貢獻，文王受到上天授予的統治天下大命。滅商國之後，向天告祭說：我要建都於天下之中心，並於此地統治我的人民。成王回顧了這一段歷史後對何所說，其父輔弼武王，對天是有功勞的，應該虔敬的祭祀他。成王在訓誥之後又賞給了何所三十串貝，何所爲此製作了祭祀他父親的這件容酒禮器。所以人們悉稱爲"何尊"。銘文的末尾鑄有"佳王五祀"幾字，即在周成王五年。

何尊的銘文講述一個中國歷史上著名的事件，並對《商書》、《雒誥》、《召誥》等歷史文獻，作了新的，確切的證明和補充。它是中國青銅器中少有的紀年的器物。

140 何尊
西周 (公元前 11 世紀
—前 771 年)
通高 38.8、口徑 28.6、底
橫 20.2厘米
重 14.78公斤
1965 年陝西省寶鷄市
賈村出土
陝西歷史博物館藏

夨古方尊

尊造型新奇，方腹圓口，沿
高腹扁，方斗狀圈足。器表自口
沿以下飾有獸面紋和鳥紋，腹
肩平面飾有夔紋，腹部為威嚴
的大獸面紋，圈足為鳥紋。方腹
四角肩部的羊角牛頭象鼻獸，

古怪奇特，是青銅器紋飾中所
稀見的。器銘為"夨古作旅"，是
為行旅之用而作。

141 夨古方尊
西周 (公元前 11 世紀
——前 771 年)
高 21.8、口徑 20.1、腹每
邊長 14.7 厘米
上海博物館藏

旅觥

142 旅觥

西周(公元前 11 世紀
—前 771 年)

通高 28.7、全長 36.5 厘
米,重 7.55 公斤

1976 年陝西省扶風縣
法門鎮白家村出土

陝西省周原博物館藏

一九七六年十二月陝西省
扶風法門鎮白家村發現一批窖
藏西周青銅器,計一百零三件,
成為近半個世紀來西周考古的
重大發現之一。其中的這件旂
觥是一件盛酒器。腹成長方形,
鋬作鳥形,觥蓋前端作羊頭形,
大角彎垂,氣勢雄奇。全部紋飾
以細雷紋為地紋,以獸面紋、鳥
紋等為主紋,作出有層次的浮
雕,使器形顯得更為厚重美麗。

器、蓋各有銘文四十字,大意是:
十九年五月中周王在斥,戊子
這一天,王命令旂去向相侯傳
達命令,賞賜給他土地、青銅和
奴隸。據旂觥銘文內容和器形
紋飾特徵,當是周康王十九年
的鑄器,約在公元前十世紀中
葉。

鳥紋象尊　鳥尊

　　尊作象形，兩耳聳如豬耳，背上有一長方形小蓋，蓋上設有兩環形鈕，周身飾有卷曲成蝸旋形鳥紋帶，是西周中晚期的容酒器。

143 鳥紋象尊
西周（公元前 11 世紀
—前 771 年）
通高 24，長 38 厘米
1974 年陝西省寶雞市
茹家莊出土
陝西省寶雞市博物館藏

　　尊作如鳥形，背上有口，口上應有蓋，軀體及尾部均表現出羽毛的痕迹，鳥尾下設有支撐。

　　這件鳥尊被發掘時另有三件同形尊同在一墓中。這些尊或許與中國古代傳說中的"三足鳥"有關。

144 鳥尊
西周（公元前 11 世紀
—前 771 年）
通高 23.7，長 32 厘米
1974 年陝西省寶雞市
茹家莊出土
陝西省寶雞市博物館藏

伯矩鬲

145　伯矩鬲
西周（公元前 11 世紀
——前 771 年）
高 33、口徑 22.9 厘米
1975 年北京市房山縣
琉璃河出土
首都博物館藏

146　鴨形銅盉
西周（公元前 11 世紀
——前 771 年）
通高 26 厘米
河南省平頂山市出土
河南省文物研究所藏

鴨形銅盉

鬲是一種炊煮器。伯矩鬲作袋足，有蓋，蓋面飾立雕狀牛首紋，以兩隻牛頭相背組成蓋鈕，頸飾夔紋，袋足上的牛首紋兩角飛揚，造型壯碩而別致，具有高浮雕的特殊效果。

伯矩鬲是西周初期的鑄器，內有銘文四行十五字，意為在戊辰這天，燕侯賞賜伯矩貝幣，伯矩用來作紀念父親戊的禮器。文獻記載，周武王伐紂之後，封文王父子召公奭之子於燕，是為第一代燕侯。北京地區曾先後多次發現有"燕侯"銘文的青銅器，伯矩鬲的出土，進一步證實了周初燕國的封地就在北京。

盉為鴨腹狀器身，鴨首形流，鴨尾形鋬。腹下是四個柱形足，腹上為盉蓋。蓋後沿有繫，鴨尾上直立一高髮髻、著長衫、腰束帶，腳蹬靴的小銅人，銅人腳下與腹肩處繫相扣；雙手合抱，與蓋繫相扣。蓋內有銘文五行，四十餘字。

鳥蓋銅盉

147　鳥蓋銅盉
西周(公元前11世紀
—前771年)
高38.5厘米
1963年陝西省扶風縣
出土
陝西省博物館藏

註:盉從商代至戰國都
有,尤其盛行於商和西
周,商代的盉三足多爲
款足(空心足),西周盉
款足的較少,多爲四足。
春秋戰國時盉腹從滴垂
形演變爲圓腹,並有了
提梁。

　　盉(註)是古代酒器之一。盉
腹呈扁橢圓形,前爲獸頭形流,
後爲龍身狀把。上有長方形口,
口上有鳥形蓋,腹下爲四足。此
盉鑄製精良,造型奇特,塑造的
禽獸形象生動活潑。

刖人守囿銅挽車

148 刖人守囿銅挽車
西周(公元前 11 世紀
——前 771 年)
通高 9.1、長 13.7、寬11.3
厘米
1989 年山西省聞喜縣
出土
山西省考古研究所藏

註："刖"，斷足，刖刑是
古代一種僅次於處死的
刑法，是中國奴隸制時
代極為殘暴的一種肉
刑。西周時期已不像商
代大量的殺死戰俘和奴
隸，而是驅使他們去勞
役。用刖人看門是權貴
的風尚，在西周的青銅
器上多次出現這種形
象。

車為無轅厢式六輪挽車，
車厢滿飾鳳紋，厢體兩側鑄有
六隻伏虎，厢體下緣兩側亦各
鑄有一伏虎，每隻虎各抓兩個
小車輪，車厢前有車門，一刖足
裸人拄杖扶着門閂。車厢蓋的
蓋鈕上是隻蹲猴，厢蓋四角各
裝一可轉動的鳥。此車精巧奇
特的造型為迄今青銅器中所僅
見，而刖人守囿則反映出那個
時代特有的社會現象(註)。

燕侯盂

　　盂上佈滿精美的有華冠的
獸頭鳥身紋飾。器內有銘文五
字，記述此器係燕侯用於盛食
的盂。此盂出土於遼寧地區，說
明該地區在周時屬於燕國的疆
域。

149　燕侯盂
西周（公元前 11 世紀
　　——前 771 年）
通高 24、口徑 34 厘米,
重 6.45 公斤
1955 年遼寧省凌源縣
馬廠溝出土
中國歷史博物館藏

蟠龍獸面紋罍

150 蟠龍獸面紋罍
西周(公元前11世紀
—前771年)
通高45.2、口徑15.3、底
徑16.5厘米,重8.2公
斤
1973年遼寧省喀喇沁
左翼北洞村出土
遼寧省博物館藏

註:罍為古時盛酒或盛
水器。有方形和圓形兩
種。方形罍寬肩,兩耳,
有蓋;圓形罍大腹,圈
足,兩耳。兩種形狀的罍
通常在一側下部都有一
個穿繫用的鼻,便於傾
斜倒酒。罍主要盛行於
商和西周。方形罍一般
為商代器,圓形罍在商
代和西周都有。

罍蓋飾蟠體的昂首蟠龍,
肩有蜷體夔紋,腹飾獸面紋,圈
足飾夔龍紋,是當時的一件盛
酒器(註)。

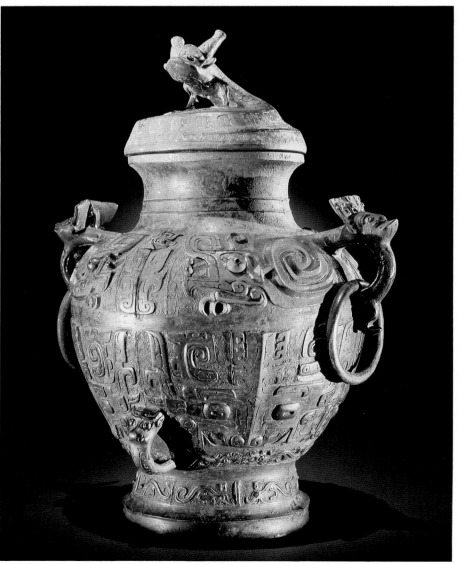

雲紋五柱器

　　器座近橢圓形，器面縱列
五根圓柱。器表飾對稱卷雲紋。
此器造型獨特，用途不明，亦未
見著錄。

151　雲紋五柱器
西周 (公元前 11 世紀
—前 771 年)
通高 31、柱高 16.5 厘米
1959 年安徽省屯溪市
弈棋出土
安徽省博物館藏

王子午鼎

　　這件王子午鼎是淅川下寺二號墓所出列鼎之一。爲帶蓋、寬體、束腰、平底圓形鼎。器身周圍有六條高浮雕夔龍作攀附狀，平底下承三條粗矮帶扉棱的獸蹄足，鼎體、耳、腿由塊範法分鑄後焊接成型。

　　據《春秋左傳》等文獻記載，王子午是楚莊王之子，官曾作至"令尹"。王子午鼎的蓋、頸、腹內壁均鑄有銘文。腹部銘文十四行八十四字，記述了作器的用途和王子午的功德，說自己任職令尹，要不畏懼不軟弱，要給人民施德政，又要以身作則做出榜樣，保護着、守衛着楚國。有學者認爲，這些話是他接任令尹、表示效忠楚王的就職誓辭。那麼，這件鼎有可能是鑄成於康王二年，即公元前五五八年。

152 王子午鼎
春秋 (公元前 770—
前 476 年)
通高 67、口徑 66 厘米
1978 年河南省淅川縣
下寺出土
河南省文物研究所藏

蟠龍紋匜鼎

此鼎較小，唇沿有流，流爲虎頭狀，張大的虎口即是流口。鼎有蓋，蓋鈕是一隻小犬。腹部裝飾竊曲紋和鱗紋。一般說來，鼎是炊煮肉類食品的炊具。而此鼎如此小巧玲瓏，顯然不宜當上述情況之用，但仍可作爲小型溫器使用，以溫煮液體、濃稠度較高的羹食之類。

153 蟠龍紋匜鼎
春秋（公元前 770—前 476 年）
高 6.5、口徑 8.4 厘米
1961 年山西省侯馬市出土
山西省博物館藏

雲紋禁

禁爲長方形酒器臺座。迄今爲止，出土銅禁不過少數幾件，而以下寺出土的銅禁最爲精美。禁的形製有的帶足，有的無足。下寺銅禁屬有足類，器下有十個昻首前行的虎形器足。禁中心爲平整光亮的素面，四邊和四個側面飾多層立體透雕雲紋，是一件鏤空透雕、浮雕和立雕附加飾物完美結合的青銅工藝品。經科學分析，它是使用失蠟法鑄造的，爲目前所知的最早採用失蠟法工藝的鑄器。

154 雲紋禁
春秋（公元前 770—
前 476 年）
長 107、寬 47、高 28 厘
米
1978 年河南省淅川縣
下寺出土
河南省文物研究所收藏

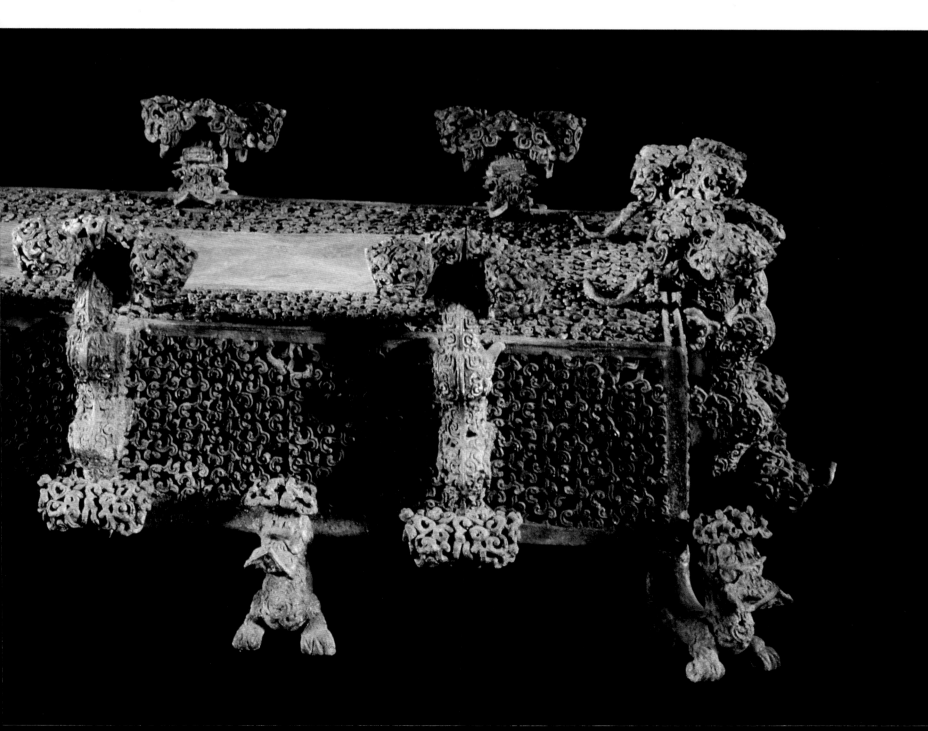

鑲嵌狩獵紋豆

雙獸三輪盤

豆採用紅銅鑲嵌紋飾，其蓋、身及足圈上部均勾畫出兩幅狩獵圖景，描寫出狩獵者勇猛追殺，禽獸飛躍奔逃的姿態，是當時貴族狩獵活動情景的寫照。

在青銅器上，採用鑲嵌紋飾，現知始於相當於夏代的二里頭文化，而那時被鑲嵌的主要是綠松石。這件鑲嵌狩獵紋銅豆，是鑲嵌工藝技術已發展到成熟期的產物(註)。

155　鑲嵌狩獵紋豆
春秋 (公元前 770—前 476 年)
通高 20.7、口徑 17.5 厘米.重 1.8 公斤
1923 年山西省渾源縣李峪村出土
上海市博物館藏

註：銅豆為古代食器，是盛肉醬一類食物用的。器淺如盤，下有把，圈足，大多數有蓋。銅豆在商代少見。西周的豆淺腹，束腰，多無蓋無耳。春秋以後豆增多，側有兩環，下具高足。到戰國時期，器腹變深，有的豆把特別細長。有的豆蓋上有捉手，可以仰置。

156　雙獸三輪盤
春秋 (公元前 770—前 476 年)
高 15.8、口徑 26 厘米
1957 年江蘇省武進縣出土
中國歷史博物館藏

雙獸三輪盤由盤、三輪和雙獸三部分組成。通觀全器，盤體素雅飄逸，帶軸的三輪具有動感，回首的雙獸注視於盤內，是一件獨具匠心而又富於浪漫色彩的傑作。

這種器形尚未見過第二件，而盤上滿飾的編織紋，具有濃厚的地方特點，應是南方越吳文化的產物。

鳥形尊　犧尊

尊鑄爲鳥形，鳥喙可開合，背部開有橢圓形口可注入酒液，口蓋以絞鏈連接尊身，尾下有虎形支脚便於穩坐。尊身通體飾羽紋，是一件實用而又具有觀賞價值的酒器。

157 鳥形尊
春秋（公元前 770—前 476 年）
通高 25.3 厘米
1988 年山西省太原市出土
山西省考古研究所藏

158 犧尊
春秋（公元前 770—前 476 年）
通高 33.7、長 58.7 厘米
1923 年山西省渾源縣李峪村出土
上海市博物館藏

龍虎四環器臺

口沿一周，雕鑄騰翻盤蜷的龍虎紋飾，虎怒目圓睜，張口怒吼。龍一角外翻，龍身盤蜷，動感極強。

器身飾蟠虺紋，外壁飾四個鋪首獸面銜環。器表有銘文二周，上周約九十八字，下周約五十二字。但因銹蝕殘損，已無法通讀。

據研究，此器是建鼓臺座，但此器未見有著錄。

尊作如牛形，俯首、張口、鼻孔中繫一環形圈、兩角成弧形向前，軀體壯碩，四足穩健。頸、背、臀各有一甬形圓洞，位於中的一洞套有鍋形器，這些甬形洞均為子母口，口上當有蓋。牛面、體側及甬側，均飾有浮雕狀、圖像為蟠螭紋組成的饕餮紋。牛頸部還飾有蟠龍、犀、虎等動物的小浮雕，牛角上也勾畫出三角雲雷紋飾。

犧尊是一件實用的溫酒器，牛背上的鍋形器可溶酒，而牛腹中空，用於盛水後於器腹下燃火加溫，以達到溫酒之目的。它不但是一件成功的藝術品，也是一件十分便捷的實用器。

159 龍虎四環器臺
春秋 (公元前 770—前 476 年)
殘高 29, 徑 80 厘米
1980 年安徽省舒城縣孔集出土
安徽省博物館藏

蓮鶴方壺

160 蓮鶴方壺
春秋 (公元前 770—
前 476 年)
高 118、口縱 24.9、口橫
30.5 厘米
1923 年河南省新鄭縣
出土
北京故宮博物院藏

註:銅壺為古代盛酒的
器皿。商代的壺多是扁
圓形,大腹貫耳,圈足。
西周的壺圓形長頸,大
腹有蓋。兩旁有耳,作獸
頭銜環。春秋時的壺,鼓
腹長頸,肩上有兩個伏
獸,戰國的壺更接近後
來的瓶。此外還有八角
形,瓠形等比較特別形
狀的壺。

蓮鶴方壺共一對，器上飾
蟠曲的龍紋，兩側有龍形大雙
耳，四角置立體怪獸，圈足下由
兩頭回首咋舌的怪獸，作寶器
的承托。壺頂有一方蓋，蓋的四
周塑雙層蓮瓣，仰面盛開，尤其
是中央仁立的一隻仙鶴，有高
踞頂巔之勢，而又作展翅欲飛
之狀，氣宇軒昂，十分生動。這
些裝飾使得莊重的器形出現了
動感，將龐大的器體變得比較
輕盈。這種生動活潑、自由舒展
的情態，與商周青銅器上那種
威嚴神秘和獰厲的形象，形成
了鮮明對比(註)。

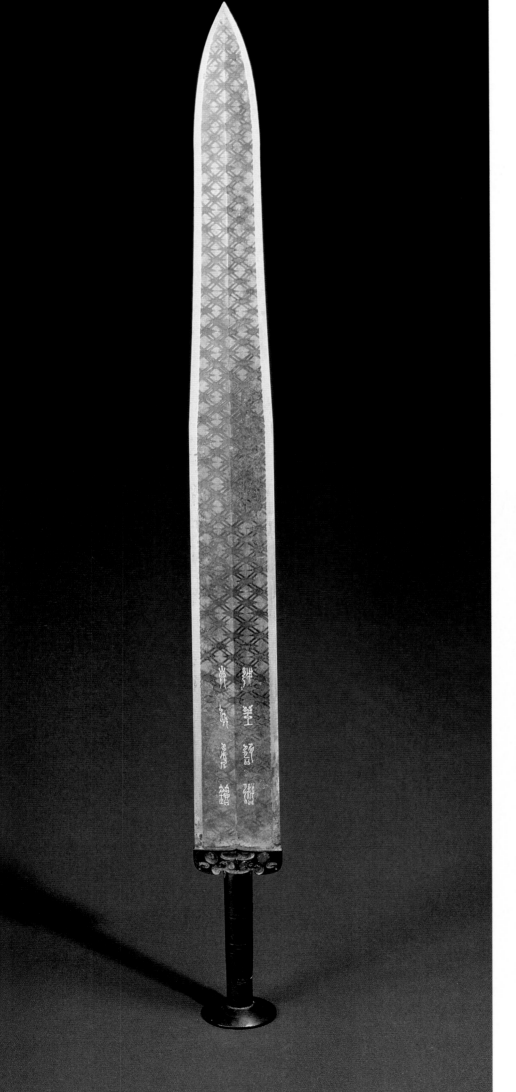

越王勾踐劍是一把劍鍔鋒芒犀利、光亮華美、保存如新的東周名劍。劍首（即柄頭）翻捲作圓箍形；劍柄（即把）為圓柱體，並纏裹絲繩；劍格（劍身與柄間的突出部分）正面用藍色琉璃、背面用綠松石嵌出花紋；劍身中間有清晰的棱，並滿飾菱形暗紋。在靠近劍格的地方有鳥篆體錯金銘文"越王鳩淺（勾踐）自乍（作）用鐱（劍）"八字。據測定，表面暗紋係經硫化銅特殊處理過的。經這種工藝處理既十分美觀，又可防銹。

精良的勾踐劍代表了當時青銅工藝的高度水平。它連同附近出土的越王朱鈎劍、吳王夫差矛等吳越兵器，何以在荊楚出土，是由於交往、饋贈、聯姻、出亡還是戰爭的原因？不得其解。或許每一件兵器，當時都伴隨着一段不平凡的經歷。

161 越王勾踐劍
春秋（公元前770—前476年）
長55.6、寬4.6厘米
1965年湖北省江陵縣望山一號墓出土
湖北省博物館藏

越王勾踐劍　吳王夫差矛

162 吳王夫差矛
春秋 (公元前 770—
前 476年)
通長 29.5、寬 3 厘米
1983 年湖北省江陵縣
馬山出土
湖北省博物館藏

吳王夫差矛是一件裝飾華
美、完整如新、鋒刃銳利的實用
兵器。它脊部有血槽，鋒部呈弧
綫三角形。表面飾黑色米字形
暗花，一面有兩行錯金銘文："吳
王夫差自乍(作)用鈼(矛也)"

相傳春秋吳國製作的兵
器，精良超絕，冠蓋天下。這件
夫差矛確可使人一睹吳國精良
兵器之風采。

曾侯乙編鐘

　　編鐘是一種打擊樂器，使用時，依大小次序成組地懸掛於虡（鐘架）。

　　曾侯乙編鐘包括鈕鐘十九、甬鐘四十五枚，還有一件鎛鐘，共六十五件，最大的通高一百五十三點四厘米，重二百零三點六公斤；最小的通高二十點二厘米，重二點四公斤。總重量超過二千五百公斤，懸掛在銅木結構、裝飾華麗的鐘虡上。鐘架為曲尺形銅木結構，長七點四八、寬三點三五、高二點七三米。與之同出的還有編磬一套三十二件，排簫二件，竹簧笙五件，竹笛五件，建鼓一面，短柄雙面鼓二面，懸鼓一面，十弦琴一張，二十五弦琴十二張，五弦

琴一張。如此龐大的樂器群，堪稱世界空前的考古大發現。

　　編鐘上有錯金篆書銘文二千八百多字，比較全面地反映了公元前五世紀中國在樂律學上所達到的高度和諸侯國之間在文化藝術領域的交流。其中記有樂律名稱五十三個，裏面的三十五個是過去所不知道的。據測定，編鐘音律準確，每個鐘均可奏出兩個樂音，總音域包括五個八度，中心音域十二個半音階齊備，全部音域的基本骨幹為五聲、六聲以至七聲的音階結構。猶今，曾侯乙編鐘奏出的美妙悠雅韵律，已經享譽九州內外，使人為之傾倒。

　　曾侯乙編鐘豐富的音域，

準確的音律，以及精美而富於立體感的裝飾花紋，反映了青銅冶鑄技術已達到極高水平。

163　曾侯乙編鐘
戰國（公元前 475—
前 221 年）
長 10.79 米、高 2.73 米
1978 年湖北省隨縣擂
鼓墩出土
湖北省博物館藏

錯金銀龍鳳銅方案　曾侯乙尊盤　蟠螭立鳳鋪首

錯金銀龍鳳銅方案是一張極為珍貴的案桌。它有一副高度形象化、造型優美、結構複雜的底座，最下層是兩牡兩牝，身作臥式的梅花鹿。四鹿由一扁平圓環連接；中層有美麗的神話動物四條飛龍和四隻鳳鳥。這四龍四鳳的鳳翼、鳳尾和龍身、龍尾相互糾結，形成雙重結構的半球形，覆於扁平圓環之上；鳳頭、鳳爪從龍尾繞結的連環中伸出，像是在抖擻精神，振翅欲飛；龍頸、龍頭從卷曲的身軀中向前探出，欲將游動。在四條龍頭上，各頂有斗栱，由斗栱承托一個方形的錯金銀銅框架。可惜框架內用漆木製作的案面已腐朽。銅案的製作採用了鑄造、焊、鉚、鑲、錯等多種工藝，而它的這些工藝構思與藝術技巧，可說是集中了人間的聰明才智。據案框上的刻銘知道，這張案桌作於王譽十四年。中國使用案和桌已有很長的歷史。但竹、木、漆器均難保存。這樣通體錯金銀的青銅案架子，在文化史上實屬罕見。

164　錯金銀龍鳳銅方案
戰國（公元前 475—前 221 年）
高 36.2、長 47.5、寬 47 厘米
1977 年河北省平山縣中山國王墓出土
河北省文物研究所藏

165　曾侯乙尊盤
戰國（公元前 475—前 221 年）
尊高 33.1、口寬 62 厘米；盤高 24、寬 57.6 厘米.
1978 年湖北省隨縣擂鼓墩出土
湖北省博物館藏

曾侯乙尊盤有一尊一盤，拆開來是兩件器物，尊置於盤內又渾然成為一體，極為別致。它的最為驚人之處，莫過於那令人難以置信的由青銅鑄成的層層疊疊的透空附飾。

尊作喇叭狀，寬厚的口沿由透空的蟠虺花紋組成，因為分上下高低兩層，看起來形似一朵朵雲彩。尊頸部攀附的四隻爬獸，腹部和圈足各加飾有四條虬龍，或透空或浮雕。盤直壁平底，口沿上附有四個方耳，耳的兩側為鏤空夔紋裝飾，四身之間各有一龍攀附於上。盤由四隻龍形蹄足承托。

曾侯乙尊盤為失蠟法鑄成，具有玲瓏剔透、層次豐富、節奏鮮明的藝術效果。凡是見過曾侯乙尊盤的人，無不為之嘆為觀止，被稱為絕無僅有的稀世珍寶。

三鋒戟形器

這是一隻用在宮殿大門上的青銅鋪首，上部以蟠螭、立鳳等組成一個大型獸面，下部的銜環亦以蟠螭作爲主體裝飾花紋。

166 蟠螭立鳳鋪首
戰國 (公元前 475—前 221 年)
獸面長 45.5、環徑 29 厘米
河北省易縣出土
河北省文物研究所藏

"三鋒戟形器"在王嚳墓發現五件，另一個王墓裏發現六件，實際數字可能比這還要多。它形體大，古氣盎然，渾厚挺拔，上部爲平行的三鋒尖，下有回旋的雷紋，呈"山"字形，故有人稱它爲"山"字形器。這樣奇特的器形過去從來未見過，以致文物考古工作者一時難於給它定一個恰當的名稱，說明它的用途。

中國古兵器中有一種名"戟"的兵器，在戰國墓葬中多有發現，其形製與戈略同，唯戈頭前有刺。古代學者釋戟說："戟，有枝兵也"(《說文》)或"戟，格也，旁有枝格也"(《釋名‧釋兵》)或"戟，廣寸有半。"今三鋒之外，還有旁邊出鋒者。漢代曾用"棨戟"(一種木戟)作儀仗；隋唐時代更有"門前列戟"的制度，並以戟數多寡來代表官第的高低。這種列戟具有禮器或儀仗的性質。中山王嚳和另一個王墓裏出土的銅三鋒戟形器，器形接近於戟，但體大，量重，不宜作兵器使用。從其形製和下端具有空銎、榫口結構看，應是安裝在木柱上用的，可能是作爲中山國的一種禮器，成列地樹立於王宮之前，三鋒直指雲天，以顯耀國王莊嚴而神聖的權力。這種三鋒戟形器的發現，似乎使我們找到了中國古代門前列戟制度的淵源。

167 三鋒戟形器
戰國 (公元前 475—前 221 年)
高 119、寬 74、厚 1.2 厘米
1977 年河北省平山縣中山國王墓出土
河北省文物研究所藏

鐵足銅鼎　嵌銅勾連雲紋鈁

　　春秋以降，諸侯僭越天子之制，紛紛採用九鼎。中山王也用九鼎。在王譽墓出土的九鼎裏，均盛有肉食。據鑒定是豬、牛、羊、狗等肉類。但從其器形看，王譽的九鼎形製不一，顯然它並非同時製作成一套的。這件顯赫的鐵足大銅鼎，製作工藝最精，發現時裏面殘存結晶狀的牛肉羹，特別是在它的蓋和腹外壁上，鏒刻的七十六行計四百六十九字銘文，最爲重要。銘文大意是：

　　這個鼎是中山王譽十四年製作的。燕國的國君噲，受相邦子之的迷惑，將王位讓給子之而遭國亡、身死的厄運。中山相邦司馬賙，謙恭忠信，輔佐少君，率師伐燕，奪得疆土城池。吳越相爭，吳吞併越，越又覆滅吳。敵國就在身旁，要記住這些敎訓，永遠保住國家。

　　這是戰國銅鐵合鑄器物中完美的傑作，也是戰國銅器銘文中字數最多的。銘文記載的中山伐燕"闢啓封疆方數百里，列城數十"等史事，是極爲重要的新史料。它文辭典雅，富有韻律，還提供了許多新文字，是先秦文學史難得的作品。字體結構秀麗，刀工嫻熟，刻鋒剛健而勻暢，是技巧與藝術完美的結合。

168 鐵足銅鼎
戰國（公元前475—前221年）
通高27.1、口徑27、最大徑33.2厘米
1977年河北省平山縣中山國王墓出土
河北省文物研究所藏

169 嵌銅勾連雲紋鈁
戰國（公元前 475—
前 221 年）
通高 45.4、長 11.4、寬
11.4厘米，重 6.4公斤
1977 年河北省平山縣
中山王響墓出土
河北省文物研究所藏

註：方形的壺在戰國以
前叫壺，到了漢代起了
專名爲"鈁"用以盛酒或
糧食。形狀方形，長頸，
大腹，有蓋。盛行於戰國
末至西漢初。

　　鈁（註）作方圈足，鼓腹、柳
肩、直口、肩兩側各有一獸面銜
環，蓋爲子口盝頂，蓋頂每坡面
均有一雲形鈕，共四個。鈁體胎
壁較薄，通身用紅銅和松石鑲
嵌成勾連雲紋圖案。此銅鈁是
當時王公貴族使用的豪華盛酒
之器。

犀足蟠虺紋筒形器　錯金銀銅虎噬鹿屏風座　鷹柱銅盆

器下部等距立有三隻犀牛爲足，上馱平底直壁的筒形器。犀牛頭向外側，額上有一向上彎曲的角。筒壁飾有變形蟠虺紋，兩側各一獸面銜環，筒中部環繞一道寬帶紋。此器的用途目前不清楚，有專家認爲是過濾器。

在王𦊨墓中出土有一群或寫實或幻想的青銅圓雕動物，有三角犀、水牛、正在吞噬小鹿的猛虎和形似辟邪的神獸等。

虎噬鹿是一件造型完美的藝術珍品。你看那猛虎，活像是在一聲咆嘯之後，又箭步撲來，一口橫叼住了一隻跟在母鹿後面的幼鹿。幼鹿昂首蹬腿，拚命掙扎。比起龐然大物老虎來，幼鹿是弱者，只見它引頸哀鳴，奄奄一息了。而那虎雙眸圓睜，兩耳直竪，前驅下踞，後肢用力蹬地，長尾急捲，好像也使盡了全身力氣。匠師把貪婪而凶殘的虎與弱小的鹿，刻劃入微。虎錯以金銀片，鹿飾以金銀梅花斑點。在虎頸及背部各有一個獸紋長方銎，內殘存木榫，兩銎構成直角，當爲器座。虎頭及臀部是空心，其餘爲厚重的實體，使器座子富有穩定感。

在圓盆內的立柱之上，有一隻展翅欲飛的雄鷹。平底銅盆連接在有四對纏繞的蟠螭作成的鏤空底座上，盆內中心位置有一隻正在爬行的大鱉，背上有一個粗大的圓柱。柱的上端作成兩條相糾結的蛇。雙蛇的頸部又被一隻飛鷹的利爪緊緊抓住。這是一件寫實與想象相結合、動與靜相結合的好作品。盆外有四個對稱的銜環鋪首，使盆可以挪動。可以想見，在盆裏盛上清水之後，盆內的鱉，盆上的鷹莫不栩栩如生。

這件富有生氣的儲水器，可能是供室內陳設觀賞用的。

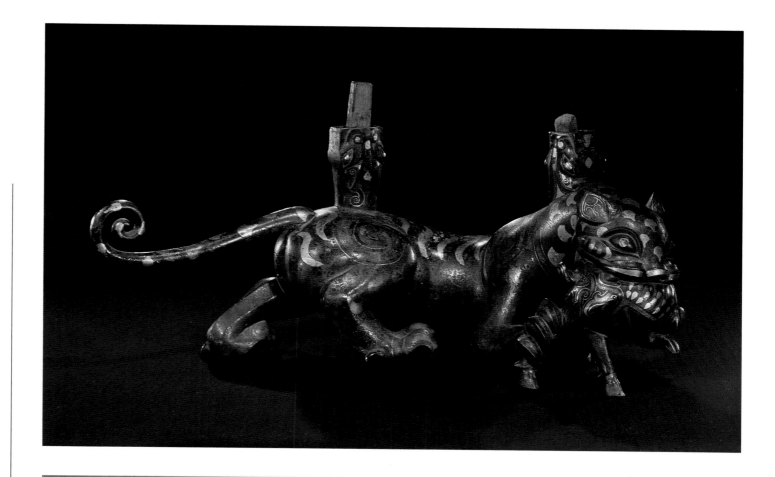

170 犀足蟠虺紋筒形器
戰國 (公元前 475—
前 221 年)
通高 58.8、口徑 24.5 厘
米,重 39.6 公斤
1977 年河北省平山縣
中山王響墓出土
河北省考古研究所藏

171 錯金銀銅虎噬鹿屏風
座
戰國 (公元前 475— 前
221 年)
高 21.9、長 51 厘米
1977 年河北省平山縣
中山國王墓出土
河北省文物研究所藏

172 鷹柱銅盆
戰國 (公元前 475—
前 221 年)
通高 46.8、直徑 60 厘米
1977 年河北省平山縣
中山國王墓出土
河北省文物研究所藏

錯銀銅雙翼神獸

173 錯銀銅雙翼神獸
戰國(公元前 475—
前 221 年)
高 24.6、長 40.5 厘米
1977 年河北省平山縣
中山國王墓出土
河北省文物研究所藏

　　王䁓墓裏有一組辟邪性質
的壓勝物。它們是四隻幻想的
神話動物雙翼神獸和二隻似獏
非獏的小神獸。這種形象,也是
考古新發現。中國古代傳說中
有一種神獸名"辟邪",其形象
似獅而帶翼。《急就篇》說:"射魃
辟邪除群凶"。顏師古註:"射魃、
辟邪,皆神獸名。"辟邪又名"天

祿"。《後漢書 • 靈帝紀》"天祿"
註:"鄭州南陽縣北有兩石獸,鐫
其膊,一曰天祿,一曰辟邪,據
此天祿辟邪並獸名"。古人認為
這種神獸有辟除邪祟之功,即
所謂"攝亂以定,辟邪以律"。在
南朝的陵墓前常有辟邪石雕
像。過去,漢代辟邪多有發現。
這兩對錯銀圓雕雙翼銅獸,也

是其狀像獅,長有雙翼,或許就
是中國最早的辟邪了。

錯金銀銅鼎

174 錯金銀銅鼎
戰國（公元前 475—
前 221 年）
通高 11.4、口徑 10.5、腹
徑 17厘米
1981 年河南省洛陽市
小屯出土
河南省洛陽文物工作隊
藏

　　鼎有蓋，身蓋合成，扁圓球
狀，蓋作拱頂，正中有帶小圓球
的鋪首鼻鈕，器身子口沿帶管
狀流，附耳、蹄足。全身錯金銀，
蓋身口沿及蓋頂飾三角雲紋
帶，其餘飾柿蒂紋，耳、足部亦
飾雲紋和三角雲紋，小巧玲瓏，
紋飾華麗，是中國戰國末期青
銅器中的珍品。

銀首銅俑燈

中山王墓出土的銀首人形銅燈是戰國時代燈具用品中的傑出作品。銅俑燈的結構和裝飾技巧十分完美。它有三隻燈盞，每盞三個燈撚，高低錯落有致，由一個寫實的圓雕人像連接成一個整體。人像位於正中，兩臂均衡平伸，左手緊握蛇頭，由神蛇卷曲的身子連接上下兩

隻燈盞，下面一燈兼作底座的一部分；右手亦握一神蛇，在直柄上端頂着另一隻燈盞。人像和燈柄進行了巧妙的藝術裝飾。那人像，在銀製的人頭上，嵌黑寶石的眼睛炯炯有神，濃眉、短鬚、扁臉、高顴，嘴角微微翹起，給人以神態逼真之感。身上，廣袖、緊衣，下裳曳地，衣着

上填以黑、紅兩色漆卷雲紋，華麗而灑脫。再看那直柄上附飾的游龍逐猴的情形，蛇身蜿蜒，狡捷的小猴做着鬼臉，神態逼真。不難設想，當三盞九撚燈點燃之時，它不僅給予了光明，同時還會使人獲得和諧的藝術享受。

175 銀首銅俑燈
戰國（公元前 475—前 221 年）
通高 66.4 厘米
1977 年河北省平山縣
中山王墓出土
河北省文物研究所藏

豆是中國古代食器之一。早在新石器時代，中國就出現了陶豆，爾後又出現木豆，竹豆。伴隨着青銅冶煉技術的出現，商代又出現了金屬豆。

豆深腹、雙環耳，盤形蓋鈕，矮圈足。器身通飾錯金夔龍紋，精美華麗。

176 錯金蓋豆
戰國（公元前 475—前 221 年）
通高 19、口徑 17 厘米
1965 年山西省長治市出土
山西省文物工作委員會藏

177 勾連雲紋豆
戰國（公元前 475—前 221 年）
高 24、口徑 16.2 厘米
1965 年湖南省湘鄉縣出土
湖南省博物館藏

此豆分爲上下兩部分。上部爲器蓋，下部爲豆，將豆蓋拿下後反置，則又自成一器。精美的幾何綫條組成勾連雲紋，紋飾間原有飾物鑲嵌。整器工藝精混，古樸大方。

錯金蓋豆　勾連雲紋豆　鑲嵌宴樂水陸攻戰紋壺

178 鑲嵌宴樂水陸攻戰紋
壺
戰國（公元前 475—
前 221 年）
高 39.9、口徑 13.4、底徑
14.2厘米
1965 年四川省成都市
百花潭出土
四川省博物館藏

　　壺為斜肩，鼓腹，圈足，肩有兩耳，衝環，壺腹上部有採桑，鳥禽，狩獵等生產生活場面。中部有宴樂，射箭等場面，下部為徒兵搏鬥，水軍交戰和攻城等戰爭場面。是一幅描繪春秋戰國時期各諸侯國間新興封建勢力興起的歷史畫卷。

鳥蓋瓠壺因形如瓠子，蓋為鳥形，而得其名。壺造型新穎，紋飾精美，是實用性與裝飾性相結合的物產。據研究，這件鳥蓋瓠壺應是戰國時期盛酒用的，並是與祀天有關的禮器。

器口和蓋作成鷹首形，提梁與蓋上二環相連，鷹喙可活動啟閉。這是一件造型別致、結構精巧的盛酒器。

179 鳥蓋瓠壺
戰國（公元前 475—前 221 年）
通高 37.5 厘米
1967 年陝西省綏德縣城關發現
陝西省博物館藏

180 鷹首壺
戰國（公元前 475—前 221 年）
通高 55、腹徑 28.7 厘米
1970 年山東省諸城縣臧家莊出土
山東省諸城縣博物館藏

鳥蓋瓠壺　鷹首壺　陳璋壺

銅壺出土時內裝三十六塊楚漢黃金鑄幣——郢爰、金餅和馬蹄金，壺口蓋有重九千克的金獸一隻。

壺的造型精美、紋飾奇麗，由壺身、裝飾套和圈足底套裝連接組成。壺頸與圈足有錯金，壺腹則是錯銀的，金光銀輝，獨具光彩。更為華麗之處，乃是裝飾套為肩、腹兩組立體鏤空網套。整個網套中共有長龍九十六條，梅花五百七十六朵，並構成三個層次。可謂玲瓏剔透，瑰麗典雅。

銅壺的口沿內側、圈足內側與外緣三處刻有銘文。

口沿內側銘文是："廿五重金鋝(絡)壺、受(容)一壴(斛)五紵(升)。"係燕國文體，廿五是壺的編號、重金為厚重的銅，絡壺當指該壺附有銅絲網絡外套；最後是銅壺的容量，"壴"和"升"是燕國的兩級容量單位。

圈足外緣有銘文二十九字：

"隹王五年，奠昜(陽)陳旻(得)再立事歲，孟冬戎啓、齊臧鈋(戈)旅，陳璋內，伐匽(燕)亳，邦之隻(獲)。"

有金文學家考釋，"隹王五年"指齊宣王五年(公元前三一五年)；"奠陽"是齊國的地名；"陳旻"就是史書中的田忌，"孟冬戎啓"是指初冬的季節用兵。"齊臧戈旅"指軍隊的武器與戰旗，"陳璋"即是史書中的章子。他帶兵攻打燕國之都，虜獲此戰利品。

重金絡壺曾是燕國宮廷重器，是戰國時燕齊兩國政治軍事史上的一次重大事件的見證之物。

181 陳璋壺
戰國 (公元前 475—前 221 年)
通高 24、口徑 12.8、腹徑 22.2、足徑 13.8厘米
1982 年 2 月江蘇省盱眙縣南窰莊出土
南京博物院藏

十五連盞燈

182 十五連盞燈
戰國 (公元前 475—
前 221 年)
高 82.9 厘米
1977 年河北省平山縣
中山王墓出土
河北省文物研究所藏

十五連盞銅燈，設計成一棵茂盛的大樹，支撐着十五個燈盤，盤內各有一撚，錯落有次，枝幹由大小八節安插而成，每節榫口各異，使安裝起來不致插錯而又平穩。枝頭上棲有八隻小猴、二隻翠鳥、一條虁龍，猴耍、鳥鳴、龍游，情態各異。樹下站立二人，仰頭，手持鮮果，作拋食戲猴之狀。支持樹燈和俑人的，是一個透雕三頭六身的虁龍紋圓座。如果將這十五盞燈同時燃點，照耀如同白晝，好像如聞從那閃爍的樹燈裏，陣陣的鳥鳴猴叫聲。

考古發現的戰國燈具有許多種，但突出人物戲耍禽獸題材的銀首人俑燈和十五連盞樹燈，還是第一次見到。這種人戲禽獸的題材可能與當時中山國社會風俗有關。史稱中山之俗，"淫昏康樂，歌謠好悲"；民間"多美物，爲倡優"(《史記 • 貨殖列傳》)。銀首人俑燈和十五連盞燈中人物的形象，可能就是"倡優"一類藝人。

嵌銀變形龍紋尊　蠶桑紋尊

尊的上部略大於下部。器蓋的中央部分爲一圓形平面突起，四方各有一個龍形圜耳。腹部有一對鋪首銜環用作把手。底有三隻獸形蹄足。整器遍飾嵌銀變形龍紋，紋飾纖細而流暢，是一件極爲珍貴的盛酒器。

183 嵌銀變形龍紋尊
戰國（公元前 475—
前 221 年）
高 17、口徑 24.5 厘米
1965 年湖北省江陵縣
出土
湖北省博物館藏

184 蠶桑紋尊
戰國（公元前 475—
前 221 年）
高 21、口徑 15.5 厘米
1963 年湖南省衡東縣
出土
湖南省博物館藏

中國有近四、五千年的家蠶飼養歷史，養蠶絲織是中國人奉獻給世界的偉大成果。

浮雕於銅尊腹部的主體花紋，由四片圖案化的桑葉組成，桑葉上及周圍佈滿了蠕動啃食桑葉的蠶蟲，蠶蟲形態與甲骨文中的象形蠶字十分相像。在銅尊唇沿上，鑄有十幾組翹首相對的蠶蟲，似在吐絲作繭。此件是目前所見青銅器上最早的一幅蠶桑生息圖。

鄂君啟節

節是中國古代由政府或帝王頒發的用於過往水陸關卡的一種特別通行證。每節由相同制式的多塊組成，分別為政府有關部門。各地水陸的重要關卡以及行路的團體和個人所執。長途販運的商隊憑節可以免稅通行；國外友好使團憑節便可暢通無阻；特別部隊通過關卡也必須持有專用節。

鄂君啟節是楚王頒發給受封於湖北鄂城的鄂君啟專門用於貿易貨運的通行證。此節用青銅鑄造，形似劈開的竹節，銘文錯金。出土時共有舟節兩塊，車節三塊。舟節為水路專用，車節為陸路專用。由節上的銘文可知鑄造年代為楚懷王六年(公元前三二三年)。銘文內容嚴格規定了鄂君啟運輸貨物的規模、種類、次數、路綫以及徵免關稅的具體條文。

劍身兩側呈曲刃，脊作三棱形，柄扁平，兩面各有一裸身人像，一為男性，一為女性。男像兩手置於下腹，女像雙手交叉於胸前。此劍的造型相當罕見。

劍構件齊全，有劍首、劍格。劍身窄而薄，平面呈蘭葉形，中間起脊，每邊有四個平面。劍鋒、劍刃銳利。雖於地下埋藏二千多年之久，然出土時仍寒光閃爍，光亮如新。

185 鄂君啟節
戰國 (公元前 475—前 221 年)
舟節長 31、車節長 29.6 厘米
1957 年安徽省壽縣出土
中國歷史博物館藏

186 陰陽青銅短劍
戰國 (公元前 475—前 221 年)
長 32、最大幅 4.2 厘米
1963 年內蒙古自治區昭烏達盟寧城南山根出土
內蒙古自治區博物館藏

187 青銅扁莖劍
秦 (公元前 221—前 206 年)
通長 91.5、莖長 19 厘米
1981 年陝西省臨潼縣出土
陝西省秦俑博物館藏

陰陽青銅短劍　青銅扁莖劍

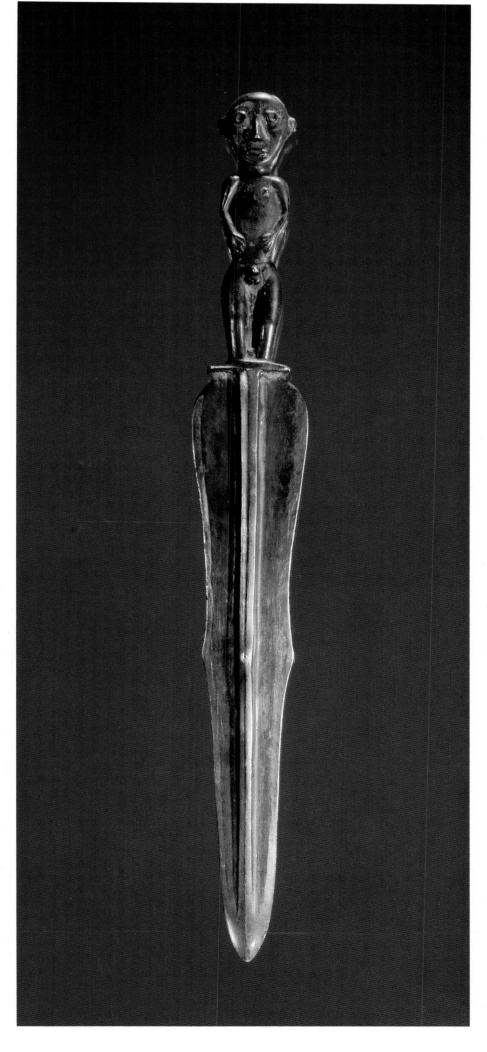

陰陽青銅短劍　青銅扁莖劍

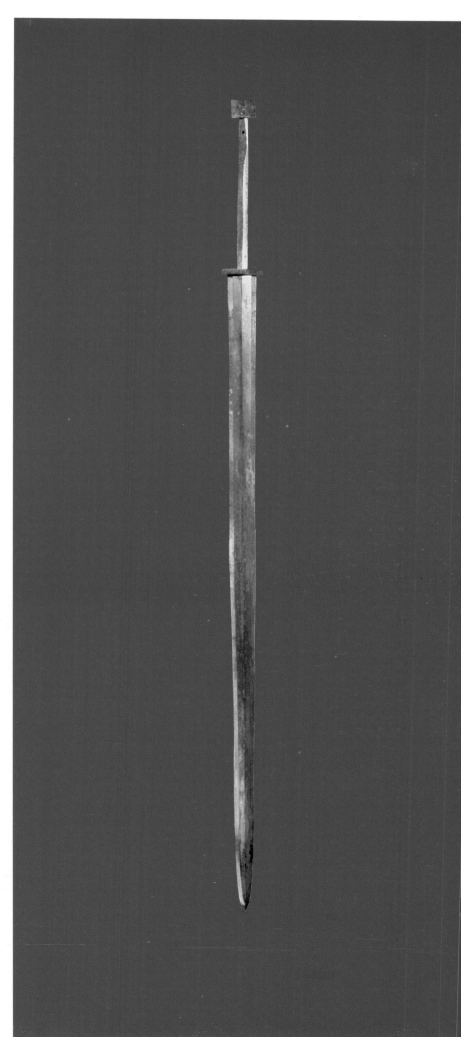

銅車馬

震驚世界的秦兵馬俑出土之後，一九八〇年又在秦始皇陵西側驚人地發現了兩輛秦銅車馬，此即其中之一。按秦代皇帝車制，此車當是秦始皇鑾駕之一的安車模型，人、馬、車的形製是實物的二分之一大小。車前駕四匹昂首欲馳的駿馬，橢圓形龜甲狀寬沿車篷，覆蓋於車廂之上。車廂分前後兩部分，前部是御手駕車的駕駛室，中有御官銅俑，腰挎佩劍，手執彎索，駕御行車。後部是乘坐帝王的車廂，車廂上開有特製的門窗。整車鑄造精美，彩繪華麗，是中國古代藝術寶庫中極其珍貴的遺產，是科技與藝術、雕塑與繪畫完美結合的典範。

188 銅車馬
秦（公元前 221—前 206 年）
通長 3.17、高 1.06 米，
1980 年陝西省臨潼縣秦陵出土
陝西省秦俑博物館藏

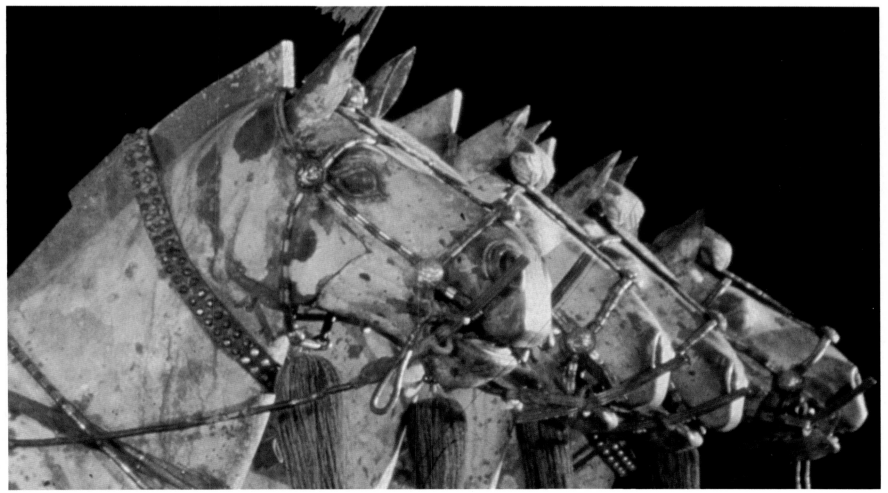

錯金銀雲紋犀尊

尊是中國古代盛酒之器。商周至西漢時期，鳥獸形酒尊大量出現。此尊是這一時期獸形尊中的代表作。

銅犀身軀雄健、昂首佇立，神態勇猛，生機勃勃。犀背有橢圓形尊口，口上有蓋以活環與尊體連接，可以啓閉。犀尊通體飾流雲紋，並嵌以金絲，綫條自如，輕盈華美。

犀尊無論是器形塑造，還是紋飾的鑲嵌工藝，都顯示了匠師的聰明才智和非凡的技藝。而今這件佳作仍爲世人嘆爲觀止。

189 錯金銀雲紋犀尊
西漢 (公元前 206—公元 25 年)
高 34.4、長 57.8 厘米
1963 年陝西省興平縣出土
中國歷史博物館藏

鎏金銅馬

此馬通體鎏金，色澤燦燦奪目，形體塑造寫實凝重，比例勻稱。如果將甘肅武威出土的踏燕奔馬比做桀驁不馴、野性十足的名駿戰馬，那麼，此馬則猶如一匹體態莊重、性情溫順而訓練有素的宮廷御馬。在造型藝術和澆鑄鎏金工藝上，堪稱一件藝術傑作。

190　鎏金銅馬
西漢（公元前 206—公元 25 年）
長 76、高 62 厘米
1981 年陝西省興平縣出土
陝西省茂陵博物館藏

錯金銀鳥篆文壺　朱雀銜環杯　乳釘紋壺

　　鳥篆文壺出土時為一對，此為其中之一。壺蓋和壺體表面，用纖細的金銀絲交錯嵌成複雜而華麗的美術字四十二個。筆劃用盤旋多姿的鳳鳥和雲龍之類的綫條構成。這種文字在春秋戰國之際就已有使用，因其像蟲鳥之形，故又稱"鳥蟲書"。

　　此壺紋飾，嵌錯工藝精湛；鳥篆文字，筆劃流暢，是鳥篆文器物中的上品。

191　錯金銀鳥篆文壺
西漢（公元前206—公元25年）
高44.2、口徑15.6厘米
1968年河北省滿城縣竇綰墓出土
河北省博物館藏

器形作朱雀銜環龜立於兩高足杯之間的獸背上，通體錯金，並鑲嵌綠松石。朱雀昂首翹尾展翅欲飛，每一高足杯外表鑲嵌圓形及心形綠松石共十三顆。全器製作精美，雀、獸造型生動，杯的配置對稱平衡，爲漢代出土文物中罕見的藝術珍品。從出土時高足杯內尚存朱紅色痕迹推測，該杯可能是作爲放置化妝品用的。

192 朱雀銜環杯
西漢 (公元前 206—公元 25 年)
通高 11.2、寬 9.5 厘米
1968 年河北省滿城縣
竇綰墓出土
河北省博物館藏

壺口部和圈足上段飾鎏金寬帶紋，肩、腹和圈足下段飾鎏銀寬帶紋。在頸、腹部和蓋面上的寬帶紋間作鎏金斜方格紋，方格紋的交叉點鑲嵌銀乳釘，方格紋中填嵌綠琉璃，琉璃上劃出小方格和圓點。一對銜環鋪首通體鎏金。器上刻銘，中有"大(太)官""長樂飤(食)官"等字。太官是少府的屬官，主管皇家膳食；長樂食官是詹事的屬官，掌皇后太子家膳食。由此可見，該壺曾一度爲西漢長安長樂宮中的用器。

193 乳釘紋壺
西漢 (公元前 206—公元 25 年)
高 45、口徑 14.2、腹徑 28.9、圈足徑 17.9 厘米，重 11.2 公斤
1968 年河北省滿城縣
中山王劉勝墓出土
河北省博物館藏

錯金博山爐　鎏金銀竹節銅薰爐

焚香習俗在中國起源很早，古人為了驅逐蚊蟲，去除生活環境中的濁氣，便將一些帶有特殊氣味或芳香氣味的植物放在火焰中煙薰火燎，這就是最初的焚香。博山爐是漢代出現的高級焚香器具之一。

此爐蓋為透雕博山形，其間山巒重疊，危峰聳出。山林間有猴、虎、野豬、怪獸和人物等，皆用錯金絲勾勒，綫條流暢。峰谷間鑄有孔隙，以通煙氣。透雕的三條蛟龍盤成圈足，極其華麗。

194 錯金博山爐
西漢 (公元前 206—
公元 25 年)
通高 26 厘米，重 3.4 公斤
1968 年河北省滿城縣
中山王劉勝墓出土
河北省博物館藏

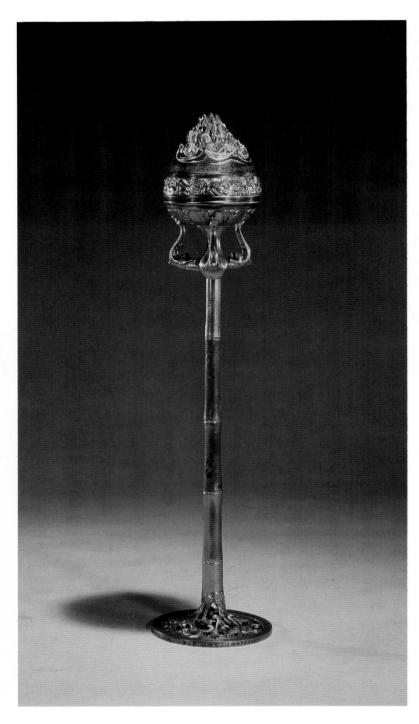

薰爐又稱博山爐，始於漢代，是古代焚香用的器具。錐狀薰爐上部是層疊起伏的山巒，峰巒之間，雲氣環繞；山林峽谷，鳥獸飛奔。山澗底處開有孔洞，爐內燃燒香料，香煙即可由孔洞溢出，芬芳宜人。爐底鑄出三條舞龍，由體仰頭，撑托薰爐，龍體鎏金，龍爪鎏銀。下為竹節形爐柄，立於蟠臥昂首的鏤雕龍座中央。通器富麗豪華，工藝精湛，雕龍鱗甲靈動，氣勢磅礴，是漢代高足博山爐中的精品。

195 鎏金銀竹節銅薰爐
西漢 (公元前 206—
公元 25 年)
高 58、底徑 13.3 厘米
1981 年陝西省興平縣
出土
陝西省興平縣茂陵博物
館藏

長信宮燈

196 長信宮燈
西漢（公元前206—
公元25年）
通高48厘米，重15.85
公斤
1968年河北省滿城縣
中山王劉勝墓出土
河北省文物研究所藏

　　長信宮是西漢中山靖王劉勝的祖母、景帝之皇太后竇氏所居之宮，長信宮燈是皇家內府爲長信宮特製用燈。

　　長信宮燈通體鎏金，燈形爲宮女跪坐，雙手執燈的形象。燈的設計十分精巧，燈座、燈罩及宮女頭部左臂均可拆卸，可以利用燈罩的開合調整燭光的照明亮度，亦可轉動燈盤改變光照角度。煙塵通過右臂容納於體內，可以減少室內污染。

　　據燈上銘記，此燈的鑄造年代是漢文帝七年（公元前一八五年）。

樂舞扣飾

197 樂舞扣飾
西漢 (公元前 206—
公元 25 年)
高 12、寬 18.5 厘米
雲南省晉寧縣石寨山出
土
雲南省博物館藏

　　滇池是座落在雲南中部的一處美麗的山水風景區。在滇池周圍地區，曾是古代滇人活動的歷史舞臺，而晉寧則是古代滇人活動的中心。戰國時楚一大將至其地稱滇王，從事農、牧、漁、紡織，並經營採礦。漢武帝時，滇王曾協助漢使探求通往今印度的道路。公元前一○九年漢於此置郡。在晉寧石寨山發現的這件表現滇人樂舞情形的鎏金銅盤舞扣飾，舞蹈者腰挎長刀，足踏巨蟒，雙手持盤，昂首曲身，在咚咚的鼓樂聲中，跳起古老的民族舞蹈，節奏強烈，歡快優美。

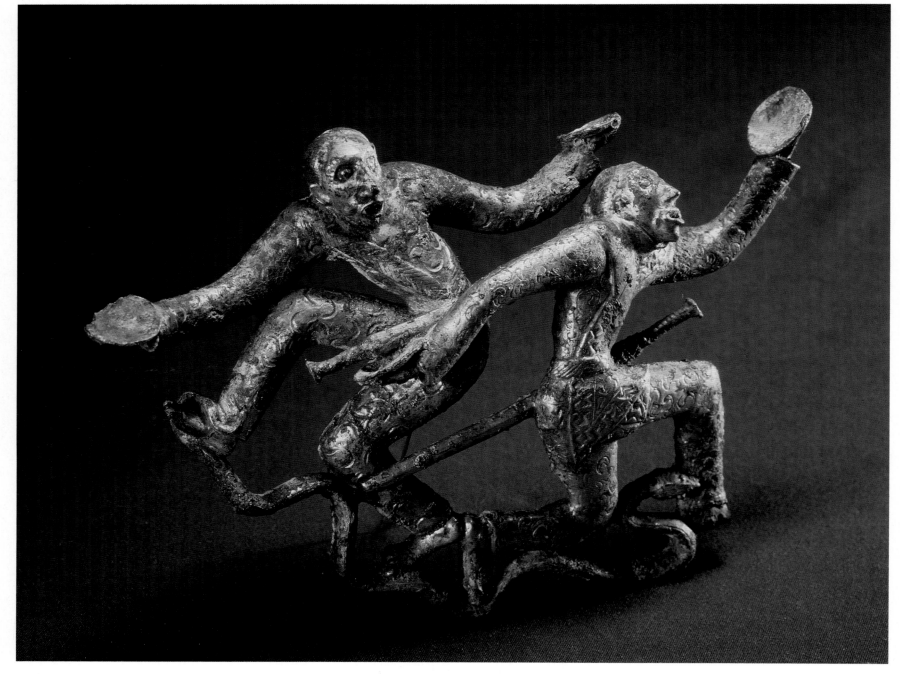

虎牛祭盤

198 虎牛祭盤
西漢（公元前 206—
公元 25 年）
高 43、長 76 厘米，重
12.6 公斤
1972 年雲南省江川縣
李家山出土
雲南省博物館藏

　　牛身造型獨特，牛背呈盤形，牛頭塑造寫實逼真。牛尾一虎攀緣，口咬牛尾，牛却泰然不動。此類造型別致的虎牛搏鬥而牛佔優勢的裝飾題材，在古代滇文化器形和紋飾中較常流行，反映了古代滇族尚牛的習俗。匠師通過對一件普通實用器具的奇巧構思，把古老滇民族的祭祀活動融於藝術之中，大膽地應用誇張與寫實的手法，塑造出這件充滿地方特色和生活情趣的傑作，展現了璀璨的滇文化的風采。

騎士貯貝器

199 騎士貯貝器
西漢 (公元前 206—
公元 25 年)
高 50 厘米
1955 年雲南省晉寧縣
石寨山出土
雲南省博物館藏

雲南晉寧石寨山早在漢代曾是西南少數民族之一的滇人部落的活動中心。這裏曾出土過大量帶有滇文化特徵的銅器,騎士貯貝器是其中最具代表性的器物之一。

此件束腹桶形器,底有三足,束腹處有雙虎作耳;器蓋上四牛環繞,中央立柱撐托有一純金騎士佇立,騎士腰佩帶鞘銅刀,一副貴族氣勢。作為實用器物,這類貯貝器是西南古代當地貴族常用的存錢罐;而作為禮器,在器表飾以塑造的牛、虎等則是一種尊貴之物。

這件造型獨特的貯貝器,人物和動物的塑造,生動傳神,形態逼真。其製造工藝上,應用了合金技術、失蠟法澆鑄、鎏金焊接等多種技術,反映了滇人金屬工藝製作的高超水平。

彩繪車馬人物銅鏡　銅鼓

　　彩繪銅鏡是戰國以來出現的一種獨特的製鏡工藝。此鏡是漢代彩繪銅鏡中的典型作品。銅鏡紋飾以鏡鈕為中心，分內外同心圓兩圈。內圈為石綠色底，繪四朵紅花間以卷雲水蔓草紋；外圈為朱紅色底，用四個流雲紋烘托的幾何紋間隔四組繪畫，繪畫內容為謁見、對話、射獵和游歸。畫師筆下的人物、車馬、髮式、服飾細緻入微。此鏡不僅在製鏡工藝上銳意求新，內容也是漢代社會生活的一幅縮影，是研究漢代繪畫和人文的珍貴實物資料。

200　彩繪車馬人物銅鏡
西漢（公元前 206—公元 25 年）
直徑 28 厘米
1963 年陝西省西安市紅廟坡出土
陝西省西安市文管會藏

201　銅鼓
西漢（公元前 206—公元 25 年）
通高 36.8、面徑 56.4 厘米
1976 年廣西壯族自治區貴縣出土
廣西壯族自治區博物館藏

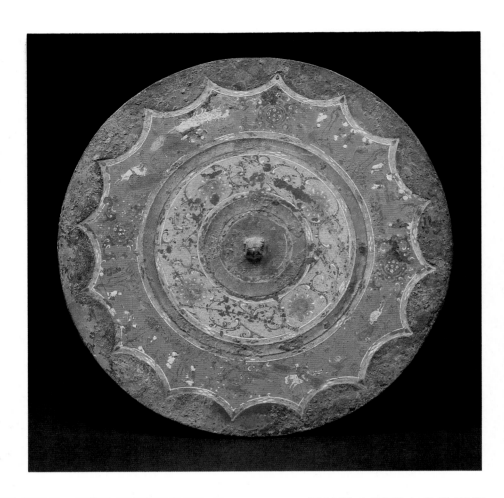

　　銅鼓是中國南方少數民族一種特有的樂器。用以伴奏祈年禳災等帶有宗教性質的歌舞外，還被當作禮器使用，以顯示佔有者的身份和地位。有時部落酋長也伴隨着咚咚的鼓聲而發佈號令。
　　銅鼓鼓面中心有太陽紋，周圍是十隻環飛的鷺鳥。鼓身還飾有鋸齒紋、圓圈紋、羽人劃船和羽人舞蹈紋，是西南少數民族文化的典型器物之一。

錯金銀虎節

此件是南越王(註)頒發的一種行車專用的具有王命權威的特別通行證。這件用青銅鑄造的虎形錯金車節，上有"王命車節"四個金字。高昂的虎頭睜目張口，象徵斑紋的條葉狀錯金紋飾，金光耀眼，前身低伏之狀，蘊藏着猛撲之勢，造型頗具動感，架式不乏虎威。

202 錯金銀虎節
西漢 (公元前 206—公元 25 年)
1983 年廣東省廣州市象崗山南越王墓出土
廣東省廣州市南越王墓博物館藏

註: 南越是中國南方南部越人的一支。此地區被秦王朝徵服成為三個郡。秦末秦駐南越尉趙佗吞并三郡，建立南越國。獨立到漢武帝時，即公元前———年為止，武帝滅南越，設立九郡。

銅馬

銅馬形體高大，頭部微偏，張口露齒，似在嘶鳴，具有典型的漢馬風格。漢武帝時，爲了改良中原馬種，以利於騎兵作戰，特意從西域（今中亞地區）取得所謂"天馬"良種。因此，漢墓中出土的馬俑，多以威武雄健見長。

203 銅馬
東漢（公元 25—220 年）
高 114、長 70 厘米
1981 年河北省徐水縣防陵村出土
河北省保定地區文物管理委員會藏

錯銀銅牛燈

燈座為一隻雄壯的公牛，牛角前傾，牛眼圓瞪，張口噴鼻，一副氣昂昂的奮鬥架式。銅牛背負燈盞，圓筒狀燈盞有兩片鏤孔瓦狀燈罩，使用時可以根據需要推移開合，實現光照角度的變化。在燈罩上有一彎管與牛頭相通，燃燈時產生的煙塵可由此導入牛腹，保護了生活環境的清潔。在整個牛燈表面，飾以錯銀花紋，造型精美奇特，工藝考究，是漢代金屬燈具中的一件藝術精品。

銅軺車　銅奔馬

　　此車爲銅車馬儀仗中前導軺車之一。車雙轅向上仰曲，連衡帶軛有輗。兩輪重轂，各有幅條十二根，車中有圓形傘蓋，柄細長，下插輿軾中部。車輿兩側原懸垂紅色織物爲幡。據《後漢書・車服誌》，官吏二千石秩別以上，乘車"朱兩幡"。

　　中國古代以車戰爲主的大規模作戰方式，到春秋戰國時期，隨着戰術水平的提高，逐漸發展到機動而靈活的騎兵作戰。秦漢時期，大規模的騎兵作戰愈演愈烈，因此，對戰馬無論是在數量上還是質量上，都提出了新的更高的要求。漢武帝聞聽西域大宛國有好馬"汗血馬"，曾命將軍李廣利率師出征大宛，"得善馬數十匹，中馬以下牡牝三千餘匹"。這些西域名駿的引進，對漢代軍馬的馬種改良起了非常重要的作用。甘肅武威漢墓出土的這匹銅奔馬傳奇般再現了西域名馬那矯健的神采。此馬三足騰空，以"對側快步"的步伐昂首嘶鳴飛馳向前，右後足還踏在一隻回首疾飛的燕子背上。這正巧是馬身的中心支點，作者讓這隻飛燕撑馱着飛馳的天馬在空中作此高難動作，設想奇絕，難怪有人爲此起名爲"馬踏飛燕"。
　　此件在雕塑藝術、鑄造工藝等方面都達到了爐火純青，是件藝術造詣高深的千古傑作。

鎏金銅羽人　鎏金鑲嵌獸形盒硯

道教起源於古代巫術，是中國漢族創始的古老宗教之一。兩漢時期，道教盛極一時。"羽化成仙"是道士們超脫現實，欲往仙境的美好夢幻。儘管具有濃厚的迷信色彩，但仍然蘊涵着人們對平等自由和美好生活的追求。

此件鎏金銅羽人，即是塑造人們想象中的"成仙羽人"。銅人雙腿曲跪，雙手擁護一件長方體和圓筒澆鑄爲一體的插座狀器。面貌粗獷，聳耳高鼻，眉宇間透露着神秘的微笑。周身綫刻羽毛，雖然通體的鎏金已大部脫落，但綫刻的溝槽內鎏金仍存，看上去猶如嵌入的金絲一般，精美神奇。古樸生動的浪漫主義造型，渲染着道家"羽化成仙"的超脫情調，將善男信女們誘向無窮的幻化世界，堪稱一件宗教藝術的珍品。

207　鎏金銅羽人
東漢（公元 25—220 年）
底寬 9.5、通高 15.5 厘米
1987 年河南省洛陽市出土
河南省洛陽文物工作隊藏

208　鎏金鑲嵌獸形盒硯
東漢（公元 25—220 年）
通高 10.5、長 25、寬 14.8 厘米
1969 年江蘇省徐州市出土
南京博物院藏

中國古代習文用硯的歷史可以上溯到五千年的新石器時代，而具有藝術價值的硯臺則始於漢代。

此件鎏金銅質的硯盒，形似蟾蜍，頭生龍角，身添雙翼，張口睜目，古代將這種四足伏臥，狀似辟邪之屬視爲神獸。硯盒開蓋後，神獸前伸的下顎巧妙地構成了貯水池，而獸身中平置一方石硯，正與神獸的橫切面相吻合。此件硯盒，器表光滑，色澤金黃，逾千年而如新，器表所嵌綠松石等寶石如今仍熠熠生輝，可以想見，製硯工匠確實煞費了一番苦心。此作展示了漢代鎏金工藝的高度水平。

瓷器篇

導言

瓷器產生於中國,是中國古代的偉大發明之一,是中國古代先民對世界物質文明作出的重大貢獻。

瓷器是在製陶工藝的基礎上,中國古代勞動人民在生產實踐中又一偉大的創造。中國瓷器和製瓷技術在世界上享有盛譽,因此,中國素有"瓷國"的稱謂。那麼,瓷器是如何產生和發展的呢?

早在中國商代(公元前十七世紀至前十一世紀),先民們在燒製陶器的長期生產實踐中,經過不斷地選擇原料,提高燒製溫度,在胎體表面施釉,燒成了比陶器堅硬耐用,釉面光亮,吸水性弱的器物,這就是原始瓷。

從各地出土的商周原始瓷看,最初的原始瓷尚有製作粗糙,造型簡單,胎體含雜質多,釉色不穩定等缺陷。

東漢時期(公元二五至二二〇年),出現了瓷質光潤,透光性好,吸水率低,胎釉結合得牢固,成熟的青瓷器。儘管這一時期的瓷器尚未形成獨特的風格,在造型和裝飾方面還帶有前期樣式的烙印,但瓷的燒製水平已接近了現代瓷器。東漢瓷器的成熟,是中國陶瓷史上一個重要的里程碑。由於瓷器美觀、堅固、耐用,所以,它一經出現,就深為廣大人民所喜愛。

三國兩晉南北朝時期(公元二二〇年至五八九年)是青瓷的繁榮時期。這一時期,雖然戰爭頻繁,社會動盪,但中國南方地區相對穩定,許多北方工匠南移,使不同地區、不同行業的生產技術得到了交流。製瓷手工業也因此迅速發展。浙江地區是瓷器的主要產區,窰址分佈廣泛,瓷器產量最多,質量也最高。如浙江上虞縣有大量的青瓷窰址,而且已能使用規模較大的龍窰燒瓷,通常一窰能燒出上百件產品。這一時期瓷器品種很多,樣式新穎,造型雄渾莊重。如釉色瑩潤、形態溫順可愛的青瓷羊,雕鏤細膩、古樸厚重的猛獸尊,層樓疊砌、華貴堂皇的穀倉罐,高挺瑰麗的重瓣蓮花尊等。在工藝上採用了刻劃、粘貼、鏤雕、捏塑、模印等技法,使作品富麗堂皇,雍容華貴。這個時期的釉色裝飾,由單色向多色發展,出現了釉下彩繪和褐釉點彩。如南京東吳墓出土的青瓷釉下彩盤口壺,是吳末晉初的器物,式樣還保留着漢代釉陶壺的遺風,用含氧化鐵較高的彩料繪出"魂神升天"的褐色紋飾,外罩一層明釉,使器物顯得明快光潤,豐富了釉的裝飾效果。

除青瓷外,南方的黑釉瓷器也燒製得比較成熟,色澤光亮如漆,以浙江德清窰黑釉瓷最佳。北朝後期,製瓷工匠經過長期的探索與實踐,控制了胎體和釉料中的含鐵量,使其低於百分之一,成功地燒製出白瓷。白瓷的出現,在陶瓷史上具有重大的意義,它為後來彩繪瓷器的發展奠定了基礎。

隋唐時期(公元五八一至九〇七年),商業繁榮,海外貿易活躍,加上當時生活習俗的影響,飲酒、飲茶風興盛,瓷器更廣泛地被應用到日常生活中,製瓷業發展到一個新的歷史高峰。越窰青瓷自東漢燒製後,到隋唐已達鼎盛。唐代詩人陸龜蒙曾寫詩讚美吳越瓷,"九秋風露越窰開,奪得千峰翠色來",並把越瓷中的上乘作品冠為"秘色越器"。秘色的來源有一說法為:"吳越秘色窰,越州燒進,為貢奉之物,臣庶不得用,故云秘色。"近二十年來,考古工作者在杭州、臨安先後發掘了吳越時期壟斷秘色瓷生產的錢氏家族和一些重臣的墓,出土了一批具有代表性的秘色瓷器,特別是一九八七年陝西法門寺唐代塔基地宮出土的一批秘色瓷器,被同時出土的《物帳》明確地記載為秘色瓷,解決了多少年來關於何為秘色瓷的爭論,並為判定秘色瓷提供了標準物。此外,南方的婺州窰、甌窰、岳州窰、銅官窰和北方一些瓷窰也都生產青瓷。特別是長沙銅官窰的釉下彩繪,工藝、意境新穎,耐人尋味,是青瓷裝飾的一朵奇葩,難怪明清兩代有"李唐越器人間無"的感嘆了。

與越窰青瓷並駕齊驅的是邢窰白瓷,其發展速度,生產規模不亞於青瓷。《國史補》稱它"天下無貴賤通用之"。白瓷的產生晚於青瓷,約在北朝時期。它是在青瓷的基礎上,改進對原料的篩選、淘洗,降低胎、釉中含鐵量而燒製成的。隋代時,白瓷的燒製已有了長足的進步,像西安姬威墓、李靜訓墓,河南安陽張盛墓及安徽亳縣隋大業三年墓等都出土了一批製作精良的白瓷,展現了隋白瓷的燒製水平。入唐,以河北邢窰為代表的白瓷燒造工藝愈發精益求精。本集收入的西安火燒壁出土的帶"官"字款的白瓷,其造型精美,光色晶瑩,令人嘆為觀止。唐代大詩人杜甫曾在一首詩中盛讚四川大邑窰生產的白瓷:"大邑燒瓷輕且堅,叩如哀玉錦城傳,君家白碗勝霜雪,急送茅齋也可憐。"到目前為止,雖還沒有發現大邑窰址,但詩人對白瓷胎體堅實輕巧,叩聲清脆如玉,釉色勝似白雪,受到尋常百姓喜愛的描述,用來形容邢窰的白瓷也毫不過分。邢窰白瓷與越窰青瓷是唐代陶瓷藝術的兩朵鮮花,有"南青北白"的美稱。

隋唐時期,瓷器的品種繁多,茶具、酒具、餐具、文具、玩具、寢具、樂器,幾乎無所不備。瓷器釉色在單一的青、白兩色的基礎上,黃釉、黑釉、花瓷和青花瓷等也都有所發展和創新。瓷器的形製,精巧而莊重,單純而又富於變化。有些則顯然是受到當時流行的金銀器皿、銅鏡藝術和絲綢紋樣的影響。而那鳳首、多嘴、瓜楞等壺、缽藝術珍品，在器形與裝飾上則既吸收了外域文化的特點，又融進了中國傳統的藝術風格，足以想見唐人的氣魄與風度。

宋(公元九六〇至一二七九年)、遼(公元九〇七至一一二五年)、金(公元一一一五至一二三四年)是中國製瓷史上百花爭艷，繁榮昌盛時期，製瓷業得到蓬勃發展。各地區瓷窯在瓷器的工藝、造型、裝飾、釉色等方面，既獨具特色，又相互模仿。另外，磁州窯系的白釉黑花瓷和釉上彩瓷，景德鎮窯的青白瓷，吉州永和窯的剪紙貼花以及建窯的黑釉兔毫盞，都是當時創製的新工藝。宋代有舉世聞名的官、哥、汝、定、鈞五大名窯。從釉面上講，汝、官、哥窯的瓷器都以開片作為裝飾，這些具有冰裂效果的紋飾，是古代製瓷工匠刻意創新的破碎美。其中汝窯和官窯均為青色細碎紋開片。哥窯的開片則大，形成特殊的裝飾風格，人稱"金絲鐵線"。據文獻記載，汝窯還以"瑪瑙末為釉"形成色澤特殊，"近尤難得"的稀世珍品，傳世甚少。近年來，河南寶豐縣發現的汝窯窯址，出土了一批汝瓷珍品，本集所收的"汝窯盤口瓶"和"天藍釉鵝頸瓶"都是宮廷御用品，甚為珍貴。哥窯的窯址，迄今尚未發現，但有為數不少的實物傳世。官窯瓷器作為宮廷藝術品，既無精美的雕飾，又無艷彩塗繪，器型古樸莊重，顏色淡雅，潤美如玉。鈞窯的瓷器以窯變稱著。北宋晚期，鈞窯成功地燒出了高溫銅紅釉。銅紅釉突破了以氧化鐵為着色劑的傳統工藝，在製瓷史上佔有重要地位。定窯是宋代白瓷的代表。定窯除燒製白瓷外，還兼燒黑瓷、綠瓷。北宋中期，白瓷印花裝飾非常流行，定窯的印花工藝，為宋代各窯之冠。

除五大名窯外，還有許多地方民窯，其裝飾風格具有濃郁的地方色彩及鄉土氣息。如磁州窯的白釉褐花裝飾，畫風粗獷豪放，不拘一格；耀州窯的刀鋒犀利的刻花，圖案別致，因而被皇室看中，貢奉宮廷。耀州窯瓷的裝飾風格對整個北方都有影響。龍泉窯青瓷繼承了甌窯、越窯等青瓷的特點，後來居上，銳意創新，生產出了翠玉般的粉青和梅子青釉瓷，其工藝造詣高，巧奪天工，釉色清新淡雅。如果說黑瓷在唐代難以與邢窯白瓷、越州青瓷一爭高下，那麼在宋代，黑瓷藝術則獨樹一幟，異軍突起。福建建州窯的兔毫盞、油滴釉，江西吉州的樹葉紋、玳瑁釉等，這些新穎獨特的黑瓷工藝，在中國陶瓷工藝史上堪稱一絕。

元代"青花"瓷器在中國瓷器發展史上佔有重要的地位，它是用鈷料在胎體上繪畫，然後上透明釉，在高溫下一次燒成，呈現藍色花紋的釉下彩瓷器。一九七五年，揚州唐城遺址出土的青花瓷枕殘片，是目前發現的最早的青花瓷。青花瓷的生產始於唐代，產地為河南鞏縣窯。青花瓷在宋代沒得到發展，直到元代，鞏縣窯青花瓷的燒造技術才在江西景德鎮大放異彩。從江西高安縣、北京元大都遺址、河北保定等元代窖藏中出土的青花瓷器，都堪稱元代青花瓷佳作。這時期的青花瓷製作工藝已趨向成熟，而且有許多創新，裝飾上出現了人物故事題材，如本集收入南京出土的"蕭何月下追韓信圖梅瓶"、湖南常德出土的"蒙恬將軍玉壺春瓶"等。

青花釉裏紅瓷器是元瓷中的新品種。釉裏紅與青花一樣，同屬於釉下彩繪瓷器，只是用料不同。釉裏紅色調凝重華麗，符合中國人的傳統審美心理，因此深受人們喜愛。

樞府(卵白)釉瓷也是元瓷

的新品種。樞府瓷器是元代中央機構樞密院在景德鎮定燒的瓷器。因其釉色白中微微泛青，與鵝蛋清色澤一致，故有"卵白釉"之稱。樞府釉瓷製作精細，工藝、釉色均為上乘。

元代瓷器具有器形高大，豐滿，胎體厚重，釉色玉潤等特點，有很高的藝術造詣與濃郁的民族風格。

在宋元製瓷工藝技術的基礎上，明清兩代製瓷工匠吸收了前人的彩繪技術，並加以綜合研究，改進了釉上彩的配方，燒出了豐富多樣的彩瓷，主要有鬥彩、五彩、素三彩、珐琅彩和粉彩等。彩繪燒製的成功，是陶瓷史上一場深刻的變革，也是三千年來對中國製瓷藝術的總結。現在珍藏於北京和臺北故宮博物院的明清貢瓷，以其質量的精良，品種的豐富聞名遐邇，那裏的收藏品可以為中國古代陶瓷史劃上一個精彩而完美的句號。

陳烈，男，一九五二年生於北京市。一九八六年畢業於南開大學歷史系文博專業。一九八八年被聘為中國文物交流中心助理研究員。參與過赴澳大利亞"秦兵馬俑展覽"、赴美國"天子‧中國帝王藝術展覽"的籌備工作，並撰寫了有關的展覽圖錄。還發表過研究博物館方面的若干文章。

青釉三耳罐

中國古代的原始瓷以高溫色釉，特別是以鐵元素爲着色劑的青釉爲瓷器的主要釉色。屯溪出土的這批原始青釉瓷器均施玻璃質青釉，顏色綠中泛黃，釉層也不均勻，表現了中國瓷器的早期特點。這件三耳罐爲其中一件。侈口，短頸，肩部豐滿，環底，圈足，肩部橫安複式耳三個。全身有輪製成型時留下的又深又寬的弦紋。

209　青釉三耳罐
西周（公元前 11 世紀—前 771 年）
高 11 厘米
1965 年安徽省屯溪縣出土
安徽省博物館藏

210　青釉雙耳瓶
西周（公元前 11 世紀—前 771 年）
高 15 厘米
1965 年安徽省屯溪縣出土
安徽省博物館藏

該瓶腹體呈上小下大的圓筒形，肩部橫安雙耳。胎質粗細不勻，通體飾瓦溝狀粗弦紋。施青釉，釉質較細，釉色淡青泛黃，肩部釉層有剝落現象。

青釉雙耳瓶

青釉四耳罍

　　罍為盛酒的容器。這件四耳罍淺灰色胎，胎泥較細，在同類作品中質地算細膩的了。頸部較高，肩部豐滿，弧度較大，環底，圈足。肩部環飾三角紋，並安繩索狀耳、扁條狀耳各一對。施青釉，釉色雖淡，玻璃質強，光亮度也較好，釉層不勻，呈乳絮狀由上向下流淌，說明它還屬於原始瓷的範疇。

211　青釉四耳罍
西周 (公元前 11 世紀—前 771 年)
高 27 厘米
1964 年河南省洛陽市北窰機瓦廠 202 號墓出土
河南省洛陽文物工作隊藏

212　青瓷五聯罐
東漢 (公元 25—220 年)
通高 39.8、口徑 6.1 厘米
浙江省黃岩縣城北出土
浙江省黃岩縣文物管理委員會藏

青瓷五聯罐

全器呈葫蘆形，如兩罐上下重疊。在肩部附堆有四個與主體不相通連的小罐。瓷胎呈灰褐色，質地堅致，腹部以上施青黃色釉，以下露胎，釉面瑩潤，垂流成斑，懸於器腹中部，給灰褐色的胎色平添幾分生氣。

特別引人注目的是其繁褥的裝飾，罐身上錯落有致地堆塑着人物、禽獸、爬蟲和植物等。這種瓷罐，是專為隨葬燒造的明器，罐身所堆塑的飾物，反映了人們對田園富庶、六畜興旺的美好祈求。

該罐從胎釉造型看，應屬浙江婺州窯早期產品。

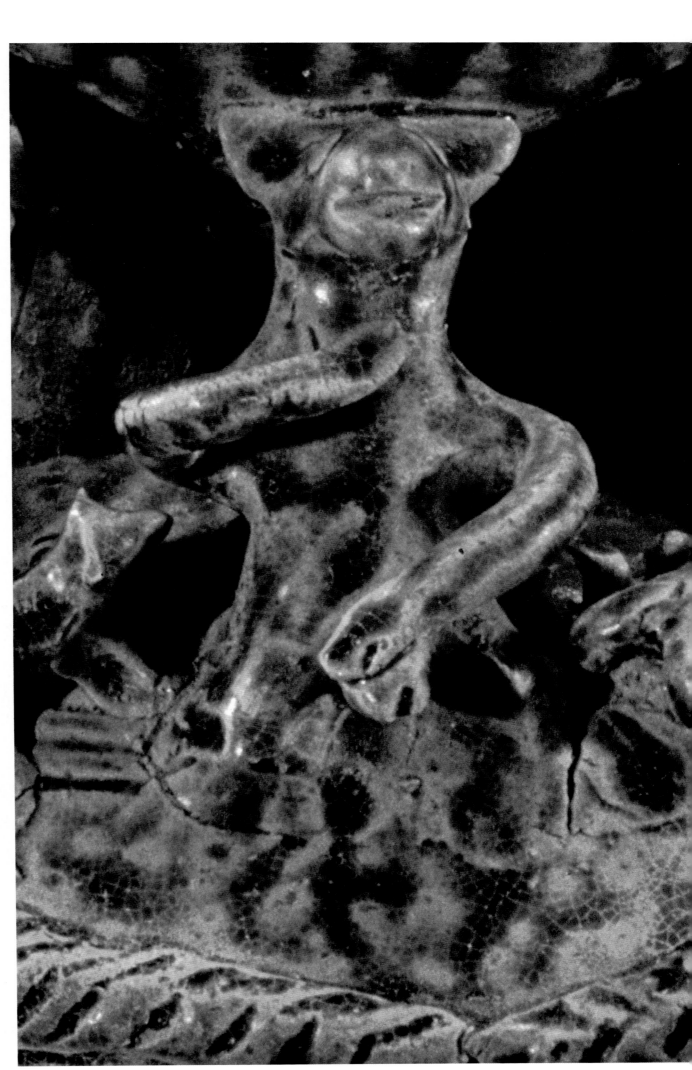

青瓷釉下彩盤口壺　青瓷獅形水盂　青瓷鷹形雙耳壺

　　此壺造型敦厚淳樸，具有漢代釉陶壺的風格，通體用含氧化鐵的彩料，繪以優美的褐色紋飾，主體圖案爲"魂神升天圖"。二十一個持節羽人，高低交錯排列，空隙處繪有疏密有致、飄然欲動的仙草和雲氣，反映了濃厚的道教思想。

　　這件壺的出土，證明中國早在三國時期就已具備燒製釉下彩瓷的先進工藝。它將製瓷與繪畫有機地結合在一起，開拓了瓷器裝飾的途徑，是目前已出土的瓷器中以繪畫藝術作爲裝飾的最早典型。

213　青瓷釉下彩盤口壺
三國·吳（公元222—280年）
通高 32.1、口徑 12.6 厘米
1983 年江蘇省南京市雨花臺區出土
江蘇省南京市博物館藏

214 青瓷獅形水盂
西晉(公元 265—316 年)
高 8.5 厘米
1966 年江蘇省丹陽縣
出土
江蘇省南京博物院藏

水盂製成獅形。獅頭上昂，雙目圓睜，眉骨高起，張嘴露齒，作蹲伏狀，背上一圓筒形注入口。

西晉時期，越窰青瓷中動物造型大量出現，如羊、熊、虎、獅等。這些動物造型在寫實的基礎上又予以合理的藝術誇張，注重神情的刻劃。反映出人們的審美情趣由社會轉向了大自然，這在製瓷手工業中得到了真實反映。

以鳥獸等動物形象為器物裝飾，是六朝早期青瓷的特點之一。這件西晉永寧二年(三〇二年)墓出土的鷹形壺，為以往所罕見。淺盤形口，肩腹圓鼓呈球狀，肩部安鷹頭，下腹塑鷹爪，另一側塑出鷹尾，腹兩側用刻劃和錐刺手法作出鷹的翅膀。整個器物的造型精巧無匹，釉色淡雅瑩潤，顯示出雄鷹展翅高飛的形象。

215 青瓷鷹形雙耳壺
西晉(公元 265—316 年)
高 17 厘米
1964 年江蘇省南京市
西晉墓出土
江蘇省南京市博物館藏

青瓷樓闕人物罐

堆塑樓閣人物罐是喪葬用的明器，其造型是從漢代五聯罐發展而來的，製作複雜，內容豐富，是三國西晉時越窯燒製的貴重器物。

該罐雙沿，上塑多層樓闕，戧角飛翹，瓦欄清晰。在第一、二層樓廊塑有態度謙恭、雙手撫胸站立或屈膝安坐的人物十八個，罐的腹部貼有模印的武士、奔獸形象。該罐集多種題材為一體，造型奇特，具有強烈的時代特徵與鮮明的藝術特色。

216 青瓷樓闕人物罐
西晉 (公元 265—316 年)
通高 46.6 厘米
1965 年浙江省紹興市出土
浙江省博物館藏

靑釉綠彩四繫罐

該罐直口短頸，肩附四繫，
腹部以上塑覆蓮瓣，蓮瓣寬肥，
瓣尖微捲。施靑釉，釉下飾條狀
綠彩。腹部以下至底均不施釉。

此罐製作工整，輪製成型，

胎質細密堅致，是北朝靑瓷的
代表作品。

217 靑釉綠彩四繫罐
北齊(公元 550—577 年)
高 23.5 厘米
1958 年河南省濮陽縣
出土
河南省博物館藏

白瓷蓋罐

218 白瓷蓋罐
隋(公元 581—618年)
通高 12.5、口徑 9.5厘米
1954年陝西省西安市
姬威墓出土
陝西歷史博物館藏

註:冰裂紋也稱開片,是
瓷器釉面的一種開裂現
象。本屬於瓷器燒製中
的缺陷。後被聰明的工
匠,巧加利用,使其成為
瓷器風格獨特的裝飾。

　　白瓷最早出現在北朝,是
在青瓷的基礎上,逐步改進對
原料的篩選、淘洗,降低胎、釉
中含鐵量而燒成的。但早期的
白瓷質量尚不穩定,還保留有
青瓷的痕迹。入隋,白瓷生產得

到發展,質量有了提高,成為上
層社會喜用的器皿。這件蓋罐
是龍泉敦煌二郡太守姬威的隨
葬品,燒製得很精良,胎、釉具
佳,通體冰裂紋(註),光澤瑩潤,
形製獨特,為隋代白瓷中少見

的珍品。

白釉黑彩侍吏俑

張盛墓共出土兩件侍吏俑，此件為文吏。這個文吏俑濃眉大眼，束髮着冠，身穿寬袖長袍，兩手拱於肩前，撫劍，脚穿圓頭履，直立於蓮座上。頭微低垂，似乎在靜候上司的吩咐。

其釉彩裝飾與同墓出土的鎮墓獸相同，施白釉，黑彩點染髮冠、眉毛、衣褶、袖邊、鞋頭和劍鞘等。這是最早在白釉上裝飾黑彩的瓷器作品，為中國北方瓷器白釉黑彩裝飾開了先河。

219 白釉黑彩侍吏俑
隋(公元581—618年)
高71厘米
1959年河南省安陽縣
張盛墓出土
河南省博物館藏

達官貴族的墓室中，常有鎮墓獸一類的隨葬品，其作用在墓室內起着辟邪驅惡，護佑墓主人的作用。鎮墓獸的凶猛獰厲，全表現在那副被誇張了的面孔上。

這件鎮墓獸，人面獸身，巨耳聳髮，背部一"Ч"形器。獸的四肢關節和鼻、眼等部位採用點黑彩的辦法來突出其凶猛形象。

220 白釉黑彩人面鎮墓獸
隋(公元581—618年)
高50厘米
1959年河南省安陽縣
張盛墓出土
河南省博物館藏

白釉黑彩人面鎮墓獸

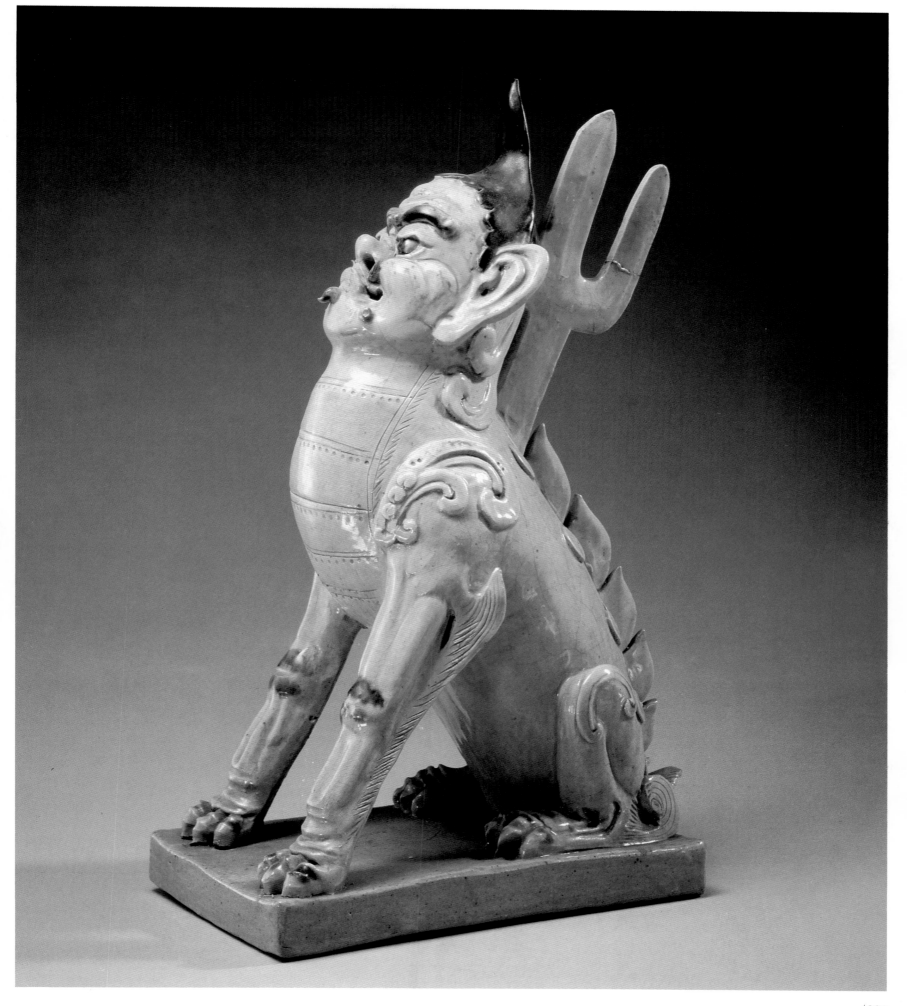

白釉雙螭把雙身瓶

此瓶白胎白釉，瓶的造型是洗形口，口沿較深，下部較粗大，兩腹體各安一粗壯龍柄，龍頭伸向口沿，通體以片紋白釉裝飾，近底處無釉露胎。造型新穎別致。

墓主李靜訓，自小由外祖母周皇太后養育，大業四年(六〇八年)死於汾源之宮，年僅九歲。其墓葬相當豪華(註)、奢侈，白瓷製品都秀巧精緻，展現了隋白瓷的燒製水平。

221 白釉雙螭把雙身瓶
隋(公元 581─618 年)
高 18.6，口徑 4.6 厘米
1957 年陝西省西安市
李靜訓墓出土
中國歷史博物館藏

製:李靜訓是皇親貴戚，由於死時年歲太小，墓葬規格不能太高，太講究，因而沒有引起盜墓人的注意，墓葬一直保存完好，然而墓中隨葬品之豐富，却出乎人的意料。

白瓷唾盂　貼花高足白瓷鉢

唾盂口部的漏斗部分像一隻碗，口沿外侈，頸又細又短，腹體扁圓，平底，有玉璧形圈足。胎底緻密潔白，釉質細膩，瑩潤純淨，是晚唐邢窯白瓷的代表作。

唾盂這類衛生用具早在西漢就已生產，南朝時期數量大增。唐代貴族生活中使用唾盂更為普遍，在《舊唐書》中就有貴族使用唾盂的記載。

222　白瓷唾盂
唐(公元618—907年)
高 15.5、口徑 16 厘米
1955年陝西省西安市出土
陝西歷史博物館藏

223　貼花高足白瓷鉢
唐(公元618—907年)
高 23、口徑 18.5 厘米
1956年陝西省西安市韓森寨出土
陝西歷史博物館藏

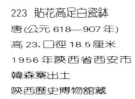

高足鉢出土於唐代乾封二年(公元六六七年)段伯陽墓。斂口，圓腹，喇叭形高足。鉢通體施釉，釉色明亮，白中泛青。鉢上部裝飾兩周相間排列的堆貼模印方形寶相花和橢圓形寶石花，其間為一周陽模打印的石榴花。鉢下部堆貼蓮花瓣及花朵。此鉢為初唐時期作品，綫條流暢，裝飾瑰麗，我們可以看出鉢的外型輪廓明顯的類似於波斯金屬器皿，花紋中的聯珠紋也是波斯金銀器上常見的紋樣。寶相花和寶石花紋的形象和組合也與斯里蘭卡石窟藝術的紋樣相近。這件作品不僅顯示了唐代製瓷技術的造詣水準，還反映出中外文化藝術交融的情況。

"官"字款白瓷盤

西安北郊火燒璧出土帶"官"字款的瓷器有三十三件，底部"官"字是在施釉後燒製前刻劃的。胎薄質細，白中閃青，光色晶瑩，造型精美，製作規整。白瓷盤的三尖瓣頂點高度相同，顯得高雅、素潔，表現了古代工匠極高的藝術造詣。據統計，目前見於著錄的"官"字款白瓷僅有七十餘件。這次發現是數量最多的一次，是極為珍貴的唐代白瓷器。

224　"官"字款白瓷盤
唐 (公元 618—907 年)
口徑 11.7、高 2.9 厘米
1985 年陝西省西安市火燒璧出土
陝西省西安市文物園林局藏

"官"字款白瓷碗

碗作五瓣形，淺口，底
刻"官"字。造型美觀，燒製精
緻。

225 "官"字款白瓷碗
唐(公元 618—907 年)
口徑 13.8、高 3.5 厘米
1985 年陝西省西安市
火燒壁出土
陝西省西安市文物園林
局藏

秘瓷八棱淨水瓶　黑釉塔式蓋罐

一九八七年,考古工作者在陝西法門寺唐代塔基地宮中發現了大批珍貴文物(註),其中稱之為"秘色瓷"的器物就有十四件,非常引人注目。這件八棱淨水瓶就是其中之一。淨水瓶通體施青綠色釉,晶瑩潤澤,頸底部飾三周弦紋,肩腹部有八條豎向凸棱,造型端莊,綫條優美,淺灰色胎細膩緻密。

"秘色瓷"一名最早見於唐陸龜蒙《秘色越器》詩。但越窰青瓷中哪種瓷器屬秘色瓷,一直未得到確證。法門寺地宮出土的青瓷器,釉色與陸詩描述的相吻合,同時出土的《物帳》明確記載這批精緻的越窰青瓷為"秘色瓷",遂使秘色瓷之謎真相大白。

器蓋為塔尖形,上塑一曲腿直身的頑猴,一手撫摸頭頂,一手撫膝,作舒目遠眺狀。罐肩腹圓鼓,下腹部堆貼一周長葉形尖狀花瓣,底座四周挖成壁龕狀,塑有人物、佛像、花卉等裝飾。

塔形罐屬殉葬用的明器或祭祀用的祭器,在唐代比較普遍,但多為陶質或三彩,用黑瓷作成塔形罐,是迄今所見唯一的一件,非常珍貴。從出土地點考證,該罐應為唐代鼎州窰產品。

226 秘瓷八棱淨水瓶
唐(公元 618—907 年)
通高 21.5、口徑 2.2 厘米
1987 年陝西省扶風縣法門寺塔地宮出土
陝西省法門寺博物館藏

註:佛教傳入中國可考的年代是東漢永平十年(公元六七年)。寺院中心建塔,塔基內有地宮,奉藏舍利(佛的遺骨),是教徒崇拜的對象。由於當時建寺修塔由國家投款,耗費巨資。在地宮內除舍利外,還要供奉精緻的法器,以示對佛的崇敬,所以古代名寺、名塔的地宮中的文物是不亞於當時帝王陵墓中所藏物品的質量和水平。

227 黑釉塔式蓋罐
唐(公元 618—907 年)
通高 51.1、口徑 8.8 厘米
1972 年陝西省銅川市黃堡鎮出土
陝西省銅川市文化館藏

黑釉灰斑腰鼓

228 黑釉灰斑腰鼓
唐(公元618—907年)
通高67厘米
1984年陝西省西安市
韓森寨出土
陝西省西安市文物園林
局藏

腰鼓為長形,兩頭粗中腰細。通體施黑釉,上點綴青灰色花斑。鼓身突起弦紋七道,無鼓皮。敦煌壁畫有拍擊腰鼓的樂伎形象,兩張鼓皮繃在鼓腔兩端,用皮條拴繫。

腰鼓本屬西域樂器,自漢代張騫出使西域後傳入中原。北魏樂伎將腰鼓置在長案上雙手拍擊,唐代樂伎或放在腿上雙手拍擊,或掛於胸前,邊舞邊擊。唐代宮廷音樂家和理論家南卓,在《羯鼓錄》中對腰鼓進行了考證和論述。

長沙窰褐彩人物貼花壺

　　器形小巧,胎色灰白,釉色青綠有光。頸細而短,腹深且圓,前有八方短流,後有弓狀鋬手, 兩側有雙繫。裝飾手法為堆貼花。右側堆貼的是唐代流行的單層方形寶塔,左側為立獅紋,前面為一着緊身衣、有長飄帶的舞蹈人,正在蒲團上翩翩起舞。這些寶塔、舞人紋飾,均與佛教有關。

　　長沙窰又名銅官窰,是一座不見於史書記載的民間瓷窰,創燒於唐中期,終於五代。釉下彩繪是長沙窰的特點,它突破了青瓷的單一釉色,豐富了唐代的裝飾技術,為後世釉下彩的繼續發展開了先河。

229 長沙窰褐彩人物貼花壺
唐(公元 618—907 年)
高 16.3、腹徑 13 厘米
1973 年湖南省衡陽市出土
湖南省博物館藏

越窰雙耳釜形器

230 越窰雙耳釜形器
五代(公元 907—960 年)
1969 年浙江省臨安縣
出土
浙江省博物館藏

註:越窰是唐至五代最
著名的製瓷窰場。中心
窰址在浙江餘姚縣上林
湖一帶。從東漢開始就
是中國瓷器生產地之
一。因唐朝該地區歸屬
越州,所以得名越窰。

　　五代時期,吳越錢氏為了
維持其割據政權,用大量越
窰(註)瓷器向中原政權進貢。貢
瓷的數量逐年增加,又對越窰
瓷器的生產和發展起到保護和
推動的作用。
　　這件青釉釜形器,侈口,折
沿,深腹,平底。沿面安兩耳。它
的工藝處理比較特別,內壁施
青釉,光潤明亮,外壁露胎,有
可能是為某種特殊用途而製作
的。

鈞窰花盆

鈞窰瓷歷來有"民鈞"、"官鈞"之分。據史書記載和現代考古發掘證實，河南禹縣城北八卦洞窰是北宋晚期專燒宮廷用瓷的官辦窰場。原清宮存有的鈞窰陳設器，皆為八卦洞"官鈞"窰產品。"官鈞"窰製品，採用二次燒成工藝，即先燒素胎，再上釉復燒成器。凡合格者，直入宮廷，落選者就地深埋。故而，"官鈞"一概集藏宮廷之中，世代輾轉相傳。這件鈞窰花盆即是其中之一，為禹縣八卦洞"官鈞"窰產品。形為菱花式，腹部的棱綫與菱花式口沿、足邊，上下呼應，猶如一朵盛開的菱花，富麗典雅。其玫瑰紅色釉與盆體邊棱部位呈現的茶黃色相襯，猶如夕陽與晚霞相輝，給人以美的遐想。

231 鈞窰花盆
北宋（公元 960—1127年）
通高 18.2、口徑 26.7 厘米
北京故宮博物院藏

越窰靑瓷蟾蜍水盂　鈞窰盤

232 越窰靑瓷蟾蜍水盂
北宋 (公元 960—1127
年)
通高 2、長 10.4 厘米
1983 年浙江省慈溪市
徵集
浙江省慈溪市文物管理
委員會藏

233 鈞窰盤
北宋 (公元 960—1127
年)
高 6.4、口徑 27.2 厘米
1978 年河南省長葛縣
出土
河南省文物研究所藏

註:鈞窰是宋代五大名
窰之一,在河南禹縣古
鈞臺和神垕鎮一帶,古
稱鈞州。這裏的瓷窰人
稱鈞窰。由於鈞窰的產
品質量、釉色自有特點,
從北宋起臨近的幾個縣
的瓷窰都仿燒鈞窰瓷
器,經幾百年形成了一
個鈞窰體系。

　　此件取蟾蜍、荷葉之形製
成水盂,作爲讀書人盛水以備
研墨的文房用品。蟾蜍雙目圓
瞪,翹首啓口,荷葉微微搖顫,
邊緣自然內捲。

　　自嫦娥奔月變爲蟾蜍的傳
說問世後,蟾蜍亦成爲文人墨
客歌咏的對象,以其爲形,取其
紋飾的器物自漢代以後屢見不
鮮。這件三足蟾蜍水盂是在慈
溪上林湖西徵集到的。據記載,
吳越錢氏建國在上林湖置官監
窰燒製靑瓷,被列爲宮廷用品
和貢品,庶民不能使用。

　　在宋代瓷器中,鈞瓷(註)以
其美麗新穎的釉色尤引人注
目,與汝、定、官、哥窰並稱五大
名窰。鈞瓷的獨特之處,在於使
用乳濁釉,這種釉內含少量的
銅,燒出的釉色常常靑中泛紅,

有如藍天中的晚霞。靑色也不
同於一般的靑瓷,雖然色澤深
淺不一,但多近於藍色,是一種
藍色乳光釉。這件盤,釉色近於
天藍,光亮渾厚瑩潤,造型端莊
古樸,瓷胎堅固緻密,體現了典

型的鈞瓷的傳統工藝。

汝窰盤口瓶

234 汝窰盤口瓶
北宋(公元960—1127
年)
通高23.4、口徑8.3厘米
1987年河南省寶豐縣
清涼寺窰址出土
河南省文物研究所藏

註:汝窰爲宋代五大名
窰之一。在河南省臨汝
縣,古稱汝卅,所以得
名。

235 汝窰天藍釉鵝頸瓶
北宋(公元960—1127
年)
通高19.6、口徑5.8厘米
1987年河南省寶豐縣
清涼寺窰址出土
河南省文物研究所藏

註:開片也稱冰裂紋。(見
圖219註)宋代五大名
窰中汝,官,哥窰都以開
片作爲釉面裝飾。汝窰
和官窰均爲本色細碎紋
開片,哥窰開片則由大,
小兩種結合,亦稱"文武
片"。瓷器燒成後,大紋
綫色深,猶如鐵綫,小紋
綫色淺,恰似金絲,被美
譽爲"金絲鐵綫"。

汝窰天藍釉鵝頸瓶

　　寶豐縣清涼寺窰址出土了一批與北宋御用汝窰(註)傳世品相近的汝瓷珍品,這件盤口瓶是其中的一件。盤口,折肩,釉色天青,釉層勻淨,屬北宋宮廷用品,實爲難得。

　　據南宋人周煇《清波雜誌》記載:"汝瓷宮中禁燒,內有瑪瑙爲釉,唯宮中揀退方許出賣,近尤難得"。清涼寺窰址出土的這批汝瓷都有如下特點:胎質細膩,爲香灰色,釉色有天藍、豆青、月白等。用顯微鏡觀測,可以發現釉中瑪瑙的結晶體,色澤璀璨,如星光密佈,與史料記載相符。

　　此件爲宮廷御用汝瓷。香灰色胎,胎骨薄堅,釉色天藍,釉層勻淨似玉,開片(註)疏密有致。頸、腹部都刻有纏枝蓮花紋。御用器皿向來製作講究,不惜工本,以奢華爲尚,這件鵝頸瓶,可見其一斑。

汝窰三足盤　官窰弦紋瓶

236 汝窰三足盤
北宋 (公元 960—1127 年)
通高 3.6、口徑 18.2 厘米
北京故宮博物院藏

　　河南省寶豐縣出土汝瓷之前，世界各博物館或私人收藏的汝窰瓷器，都是傳世品，而且數量極少。這與汝瓷作為宮廷用器，嚴禁流傳民間有關。這件汝窰三足盤原為清宮收藏，遍

體施青釉，釉面晶瑩透亮。由於在燒製過程中胎釉收縮速度不一致，造成釉面開裂，俗稱"蟹爪紋"。明人曹昭在《格古要論》中講：汝窰瓷器"有蟹爪紋者真，無紋者尤好。"該器底部鐫

有乾隆帝御製詩，使這件汝窰三足盤更加珍貴。

　　官窰(註)，是宋代五大製瓷名窰之一。據說，是由朝廷派遣官員到廠地監燒，生產貢入禁中的瓷器，有命則供，無命則止。官窰製品以粉青釉瓷器為最佳，有施釉厚、釉面開片、"紫口鐵足"等特徵。此瓶飾數道凸起弦紋，施青釉，釉面有開片。開片，是由於胎和釉冷熱縮漲率不同所致，然而，一經出現，本是缺陷却收到獨特的效果，為單色釉瓷器增添了魅力。

237 官窰弦紋瓶
北宋 (公元 960—1127 年)
通高 33.1、口徑 9.8 厘米
北京故宮博物院藏

製：官窰是指官府經營，為宮廷生產瓷器的瓷窰。最早的官窰是北宋大觀，政和年間，在汴京 (今河南省開封市) 附近設立的瓷窰。南宋官窰是指浙江杭州鳳凰山的"修內司官窰"和杭州烏龜山"郊壇下官窰"。二窰統稱官窰。

定窯五獸足熏爐　定窯刻花龍首淨瓶

定窯五獸足熏爐　定窯刻花龍首淨瓶

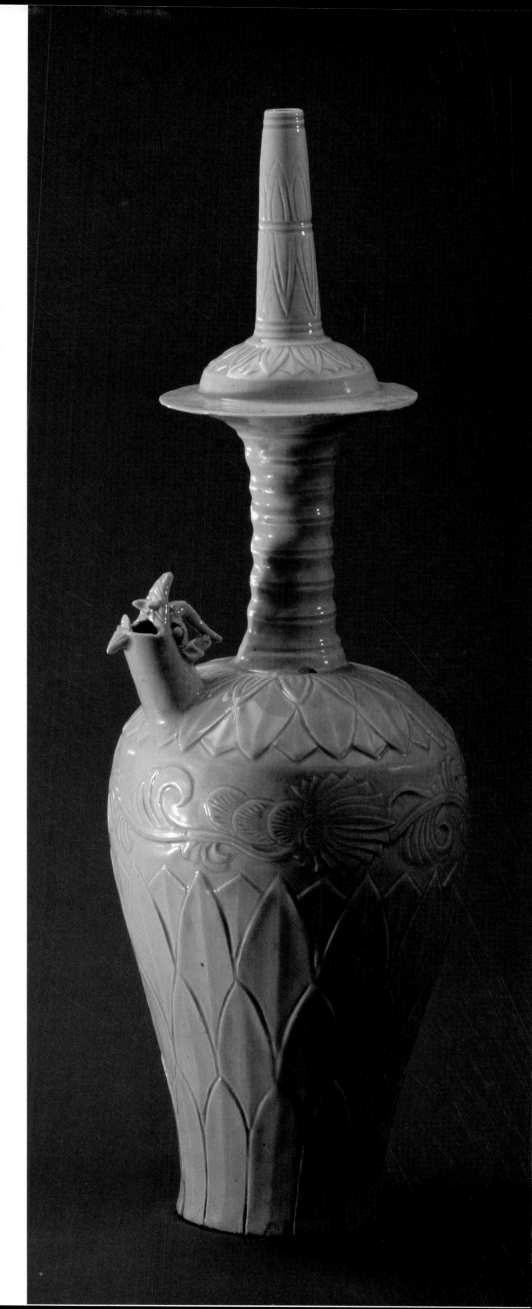

238 定窰五獸足薰爐
北宋 (公元 960—1127
年)
通高 18、口徑 10.7厘米
1969年河北省定縣塔
基出土
河北省定州市博物館藏

定縣靜志塔基共出土的十件薰爐，揭示了北宋早期定窰所產薰爐的形製及其特點。這件薰爐爐身被五個獸足承托，足下爲一圓環形座，爐有蓋，上有塔頂式鏤孔鈕。這種五獸足圓環形座薰爐，在唐代三彩陶器及銅器中已有此形製，可以看出其相承關係。

239 定窰刻花龍首淨瓶
北宋 (公元 960—1127
年)
通高 25.5、足徑 6.6厘米
1969年河北省定縣塔
基出土
河北省定州市博物館藏

註：定窰在河北曲陽縣
澗磁村、燕山村，因宋朝
時歸屬定州，故稱定窰。
定窰瓷器紋樣活潑生
動，質量精湛，別具一
格。其它地區瓷窰競相
效仿，形成了定窰的風
格。

一九六九年，河北省定縣靜志塔、靜衆塔出土定窰(註)瓷器達一百五十多件，出土的器物除盤、碗、瓶、罐等日常生活用器外，還有淨瓶、爐、海螺等佛前供器。尤其淨瓶、共出土二十四件，這是其中的一件。瓶上部有直立的細長圓管，肩部一側配以龍首式的流口，顯得尤爲生動。瓶體上裝飾勻稱精細的蓮瓣紋，整個器形是仿金銀器式樣燒製的。這種式樣的淨瓶曾流傳到朝鮮並產生了影響，傳世的高麗青瓷中就有龍首淨瓶。

紫定金彩壺

此壺口沿外折，短頸，壁薄
胎白，內外施醬色釉，此壺製作
規整，胎質細白，釉色晶潤，爲
罕見的紫定金彩瓷器。

北宋時期，以燒白瓷馳名
的定窯，也兼燒醬、紅、黑、綠等
各種顏色的釉，醬釉瓷通常稱
爲紫定。紫定瓷器存世不多，而
有金彩描繪的更屬罕見。該壺
的出土，是近年來中國陶瓷考
古的一個重要發現。

240　紫定金彩壺
北宋（公元 960—1127
年）
通高 18.1、口徑 7.1 厘米
1983 年安徽省肥西縣
將軍嶺鄉出土
安徽省合肥市文物管理
處藏

定窰劃花水波紋海螺

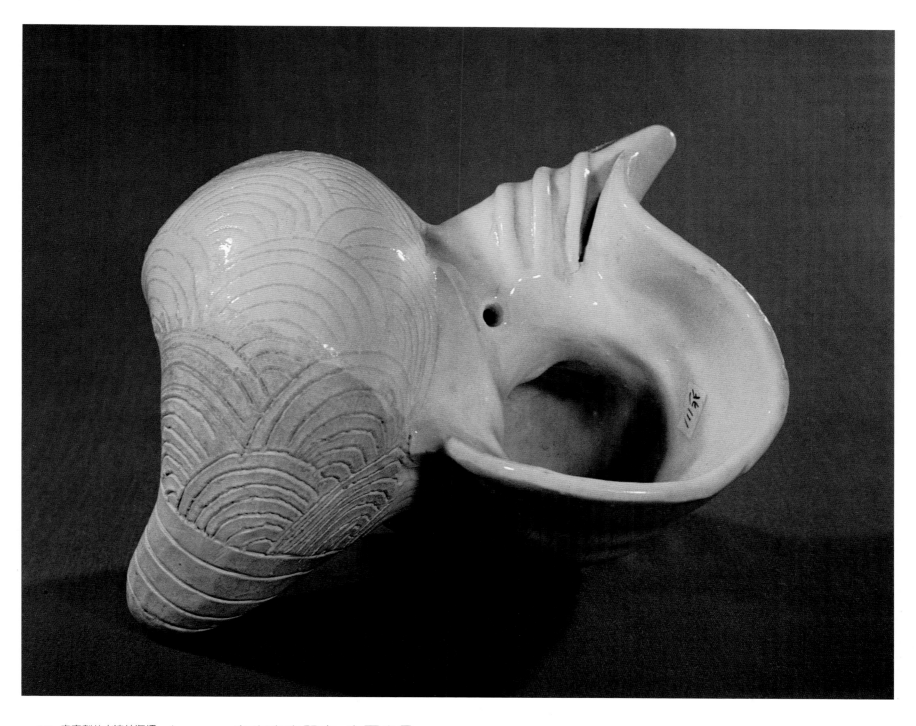

241 定窰劃花水波紋海螺
北宋(公元 960—1127
年)
高 19.8、口徑 8 厘米
1969 年河北省定縣塔
基出土
河北省定州市博物館藏

　　在定窰瓷器中,有不少是
仿動、植物形態燒製的,仿動物
的有馬、獅、鷄等,仿植物的有
桃式盒、荷葉式洗等。這件是仿
生物的螺,器物造型準確,通體
刻水波紋,施釉部分佔螺體的
大部,僅尾部一段無釉。口部凸
起螺旋紋三道,螺的形態逼眞。

青白釉人形注子

瓷注呈人形，頭戴冠，披長袍，手捧壺嘴，背置一扁形手柄。面部刻劃細膩，眉眼清晰，口鼻端正，有鬍鬚，目光平視，神態安然。施青白釉，面部受窰變影響，開片較碎。

242 青白釉人形注子
北宋（公元 960—1127年）
通高 23.9、口徑 2.2 厘米
1971 年安徽省懷寧縣出土
安徽省懷寧縣文物管理所藏

磁州窰童子嬉鴨圖枕

瓷枕是中國古代的夏令寢具，它清涼沁膚，爽身怡神，頗受人們的喜愛。無論富貴貧賤，皆有好者，甚至連皇宮中也"多用之"。這件瓷枕，白地黑花，枕面爲一童子肩負一莖荷葉作戲鴨狀，前後玄面爲折枝牡丹，底部有"張家造"戳記。該枕出土於磁縣觀臺，爲宋代磁州窰(註)窰址所在。磁州窰在當時屬民窰體系，主要是生產質地比較粗糙的民間生活用瓷，數量大，種類多，簡樸實用，裝飾活潑，具有濃郁的鄉土氣息。

243磁州窰童子戲鴨圖枕
北宋（公元960—1127年）
高12.5、長28、寬16.5厘米
河北省磁縣觀臺出土
河北省磁縣文物保管所藏

註：磁州窰是宋代最有特色的民間瓷窰，在河北省邯鄲市觀臺鎮、彭城鎮一帶，古稱磁州，因而得名。

影青孩兒枕

244 影青孩兒枕
南宋 (公元 1127—1279
年)
通高 15 厘米
江蘇省鎮江市出土
江蘇省鎮江博物館藏

這件影青孩兒枕堪稱影青佳作。"影青"是青白瓷的俗稱，是以景德鎮窯爲代表燒製成的一種釉色介於青白二色之間的瓷器。該枕座爲榻形，四周雕刻纏枝花紋。榻上高枕側臥一熟睡的童子。但見他雙目微閉，小嘴合攏，左腿卷曲，右腿上翹，神態天眞可愛。設計最爲巧妙的是童子懷抱一莖遮陽的荷葉，荷葉邊下捲形成枕面。這種以瓷作的寢具，唐宋以來在民間廣爲流行，幾乎各個窯系都製作不同式樣的瓷枕，宋代女詞人李淸照《醉花蔭·九日》詞中有"玉枕紗厨，半夜凉初透"的詩句，所謂"玉枕"，就是指的這種青白如玉的影青瓷枕。

龍泉窰鳳耳瓶

此瓶盤口，細頸，斜肩，棒槌形瓶體頗具穩重感。兩耳爲相背對稱的兩鳳，高踞於瓶的上端，矚目遠眺，神情端莊。

南宋時期的龍泉青瓷，講究釉色，使器面呈溫潤之感，其中以粉青(註①)和梅子青色(註②)爲最佳。此件鳳耳瓶即爲梅子青釉，其色澤和質地之美，代表了中國歷史上青釉燒製的最高水平。

青白瓷爲北宋時期景德鎮窰首創，是一種釉色介於青白二色之間的瓷器，俗稱"影青"。此器由注壺和溫酒器兩部分組成。溫酒器爲六瓣蓮花形口，裝飾水波紋圖案。注壺流較高，另一側安扁形柄。蓋呈筒形，上塑一蹲獅，造型奇特、典雅。胎體薄而緻密，釉色瑩潤而有光澤，是宋代影青製品的佳作。

青白瓷的主要產地是江西景德鎮窰，其選料、製作工藝、裝飾紋樣都具有相當高的水平。另外，江西、安徽、廣東、福建等地的一些瓷窰也生產青白瓷，其產品質量與景德鎮窰燒製出的瓷器相當。

245　龍泉窰鳳耳瓶
南宋(公元 1127— 1279年)
高 26.6、口徑 8.6 厘米
上海博物館藏

註①：粉青釉爲南宋龍泉窰首創，釉中含鐵量0.8—1.05%，色澤美似玉，淡雅柔和。
註②：梅子青釉也是南宋龍泉窰創燒的一種著名青釉品種。色澤可與翡翠媲美。含鐵量、燒成溫度和玻璃化程度均比粉青釉高。

246　青白釉酒壺帶溫酒器
南宋(公元 1127— 1279年)
高 22.7、口徑 3.8、底徑7.7 厘米
1981 年江西省婺源縣出土
江西省博物館藏

青白釉酒壺帶溫酒器

龍泉窯龍瓶　彩繪奔鹿紋瓷蓋罐

此瓶應有蓋，一般蓋上塑
一老虎，統稱龍虎瓶，專作祭器
或供器之用。該瓶失蓋，肩部塑
成多級狀，圓腹，平底，圈足。肩
部堆塑盤龍。腹壁飾尖狀蓮瓣。
施青釉，釉層較厚，釉色青綠如
玉，宛如青梅。南宋時期，這類
瓷器數量較多，並以商品形式
銷往各地。

此器為吉州窯產品，腹部
勾繪兩對稱四連弧開光，內繪
奔鹿銜靈芝，窗外綴襯纏枝牡
丹，頸部飾帶狀捲草紋一周。蓋
呈帽狀，假鈕，上飾折枝牡丹一
朵。鹿與“祿”同音，靈芝象徵長
壽，反映了人們對美好生活的
希冀。此器設計巧妙，裝飾富有
象徵意義，是吉州窯彩繪瓷器
中有具體年代可考的典型珍
品。

吉州窯是江西民間重要製
瓷窯場之一，始創於唐，衰於
明，以生產黑、白、綠釉瓷為主。

247 龍泉窯龍瓶
南宋(公元 1127— 1279
年)
高 19、口徑 6.8 厘米
1956 年浙江省龍泉縣
大窰窰址出土
浙江省博物館藏

248 彩繪奔鹿紋瓷蓋罐
南宋(公元 1127—1279
年)
通高 19.5、口徑 10.4 厘
米
1970 年江西省南昌市
南宋嘉定二年陳氏墓出
土
江西省博物館藏

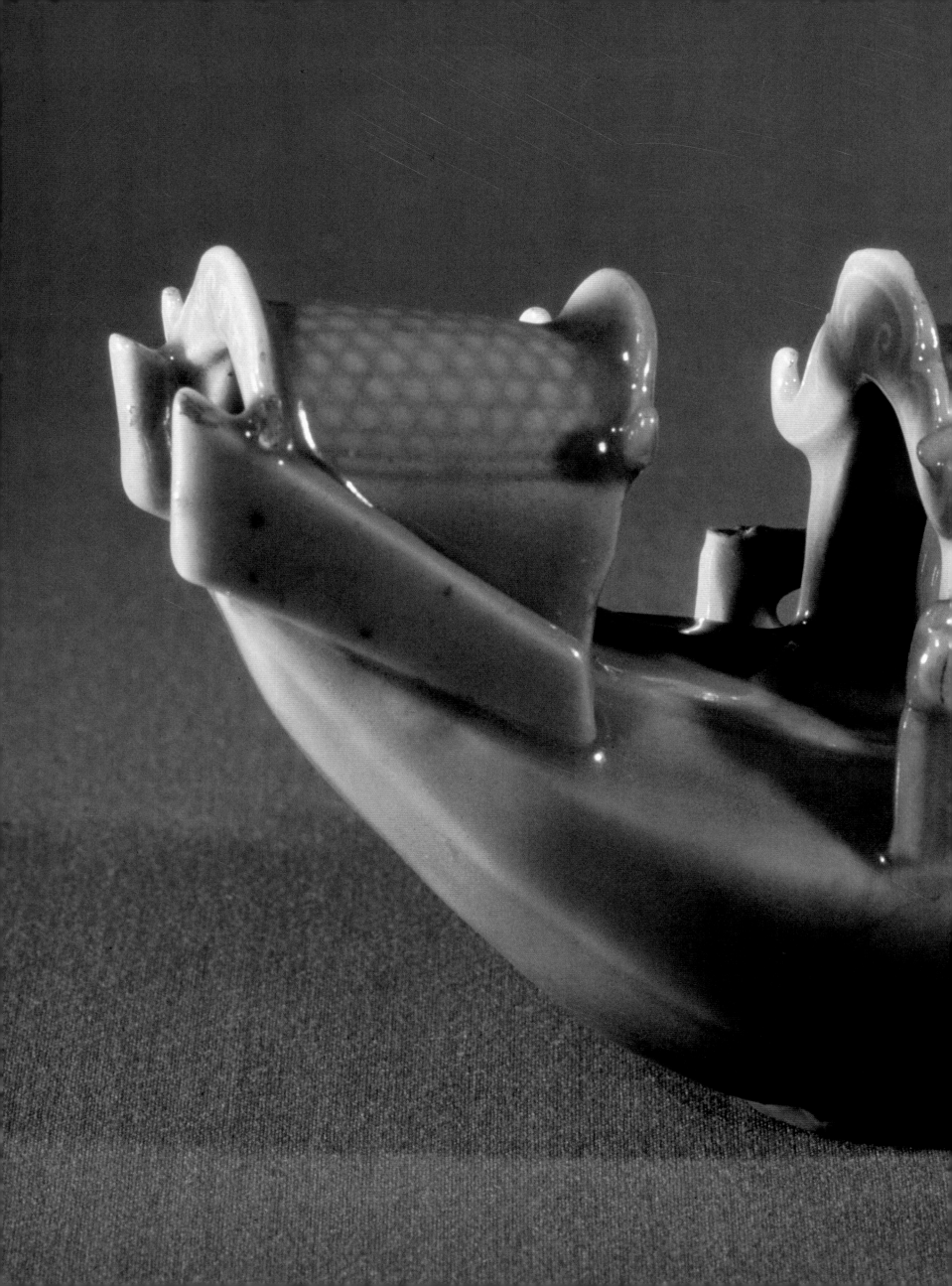

龍泉窰舟形硯滴　青瓷太白罐

249 龍泉窰舟形硯滴

南宋(公元1127— 1279
年)

高9.3、長17.3厘米

1956年浙江省龍泉縣
出土

浙江省博物館藏

這件硯滴造型像一航行的
木船。頭部較尖,有一孔,係注
水口,兩側有欄杆、欄板。欄板
上雕有菱形裝飾孔,中部和船
尾均有捲棚。船上前篷內坐有
男女二人,身穿斜襟衣,面向中
間,女子揚手啓齒,繪聲繪色地
講述着什麼;男子袖手聆聽,聚
精會神;篷側的船夫身披蓑衣,
屈腿伸手,拿取箬帽。

硯滴係文房用具,係備研
墨之用,由於用水量不大,常被
塑成多種樣式。這件作品,製作
精細,燒結度極好,釉層厚實,
碧綠如玉,堪稱南宋時期龍泉
窰的代表作品。

酒器。造型為帶蓋梅瓶,通
體飾瓦棱紋。瓷胎灰白,釉色青
中泛黃,釉層薄而透明。宋元時
期南北民間瓷窰多生產這類器
物。內蒙古烏蘭察布盟曾出土
一磁州窰產的黑釉瓶,瓶上書
有"葡萄酒"三字,說明是北方
民間盛酒用的器皿。

250 青瓷太白罐

南宋(公元1127—1279
年)

通高27、口徑5.5厘米

浙江省松陽縣出土

浙江省松陽縣文物管理
委員會藏

綠釉淨瓶

淨瓶(註)作塔形,小口,長頸,頸中部貼塑一周印花紋的蓮瓣,上部刻螺旋紋,下部呈竹節紋。肩部一側安有盤口乳狀流,器身印滿纓絡紋,通體施綠釉。從作品看有可能屬定窯產品,因爲定窯這個時期已能燒出很好的綠釉瓷器了。

251 綠釉淨瓶
遼(公元 907—1125 年)
通高 24.1、口徑 1.3厘米
1987 年北京市密雲縣出土
北京市文物研究所藏

註:淨瓶,也稱瓷淨瓶、淨水瓶(圖 226、圖 239),又稱"軍持"、"君遲",這是印度古代梵語的譯音。本來是僧人雲游四方時携水的工具。在中國演變爲供奉觀世音菩薩的擺設。內盛淨水,插柳樹枝。信佛的人們認爲淨瓶的水具有化灾解難,起死回生之效。由於社會生活的需要,淨瓶的質量亦不斷提高。

"官"字款白瓷盤

252 "官"字款白瓷盤
遼 (公元907—1125年)
高 5.4、口徑 22.3厘米
1953年內蒙古自治區
赤峰市遼駙馬墓出土
內蒙古自治區赤峰市博
物館藏

此盤為荷花形,腹體很淺,腹壁微曲,口沿鑲鎏金的銀邊,盤底陰刻"官"字銘款。胎薄細潤,釉色白中泛黃,有象牙白的質感。

定窰自採用覆燒工藝後,產量有了很大的提高,但也帶來"芒口"的問題。工匠們往往在口沿處鑲上金、銀、銅釦,以掩蓋覆燒帶來的缺陷,同時也是一種華貴的裝飾。

"官"字款的瓷器,五代時已出現,估計有兩個作用,一是一些定窰產品被皇室、官府徵用,成為達官貴人的生活用品。二是用來作為向遼國作交易的物品,以上貢名瓷來換取和平

253 白瓷羅漢像
遼 (公元907—1125年)
高 27.5厘米
1980年內蒙古自治區
哲里木盟庫侖旗前勿力
布格村出土
內蒙古自治區博物館藏

註:羅漢是佛教梵文"阿
羅漢"的略稱,是佛教學
位最高的修行者,因他
有受天、人供養之義,所
以有瓷製羅漢為佛教徒
供奉。

白瓷羅漢像

羅漢(註)垂膝端坐,額頂光滑開闊,眉骨突出,額上皺紋通過眉端與消瘦的顏面肌肉聯結,兩眼深陷,下頷前伸,面部表情豐富。左手扶膝,右手前伸作指點狀,似在講經說法。羅漢內穿斜領長衫,外披裂裟,衣紋重疊,綫條流暢。此像釉質細膩,色調晶瑩,光鑒照人,表現了定窯白瓷高超的雕塑水平。

這是定窰(註)白瓷中罕見
的雕琢精巧的藝術品,壺雕成
人首魚身的形象。人首和魚尾
相對,用一提梁聯結。龍頭爲
流,魚尾上翹,腹部兩側各附一
翅膀,下部兩側各有一爪,背脊
上一個花口形注入口。頭像爲
童子,頭髮梳理整齊,佩帶飾
物,雙眼凝視前方,雙手托龍
頭,腕部帶手鐲。此器造型獨
特,構思巧妙,似與古代民間的
神話傳說有關。

254 定窰人首魚龍壺
遼(公元 907—1125 年)
高 16、通長 19.5、口徑
3.5 厘米
內蒙古自治區昭烏達盟
巴林左旗出土
內蒙古自治區博物館藏
註:見圖 239 註

褐釉剔花瓷瓶

該瓶小口，短頸，折肩，長腹，圈足。腹部主體圖案爲兩組剔花牡丹紋，每組圖案之間飾以雲水紋。其技法，用剔花方式將牡丹花卉及枝葉以外的部分剔掉，露出白色粗糙的胎面，襯托黑色牡丹。綫條簡潔，色調對比鮮明。這是磁州窯粗瓷細作的成功之作。該瓶出土於西夏控制區，說明北宋、遼、西夏政權雖然嚴重對峙，但商品貿易往來還是很密切的。

耀州窰三足爐

255 褐釉剔花瓷瓶
西夏（公元 1038—1227
年）
高 37、口徑 6.2 厘米
1956 年內蒙古自治區
伊克昭盟伊金霍洛旗敏
蓋出土
內蒙古自治區博物館藏

256 耀州窰三足爐
金（公元 1115—1234 年）
高 27 厘米
1960 年陝西省藍田縣
出土
陝西歷史博物館藏

註：耀州窰爲宋代名窰
之一。窰址在陝西銅川
市黃堡鎮附近，宋屬耀
州，因而稱耀州窰。唐代
時已開始燒造黑釉
瓷（見圖 227）北宋開始
燒造青瓷，北宋末爲盛
期。金、元時期耀州窰繼
續燒造瓷器，但質量已
不如宋代。

　　在宋代單色釉瓷器中，耀州窰（註）以其胎質堅致，釉色青翠美麗，紋樣富麗堂皇，在北方青瓷中首屈一指，享有盛名。當時的《德應侯碑記》讚譽耀瓷"巧如範金，精比琢玉……擊其聲，鏗鏗如也，視其色，溫溫如也"。可見耀瓷當時就十分名貴。耀瓷發展到金代，出現了一種發白的淡青釉瓷，胎體近於白色，質量相當好。像這件仿古銅鼎形式的三足爐，直口，板耳出於器表，下承三獸形足，頸部飾以回紋，腹部刻以纏枝團花，造型優美，釉色清淡，刻花娟秀，是耀瓷中的一件力作，代表了北方金代青瓷的雄渾氣魄。

龍泉窰荷葉蓋大罐

257 龍泉窰荷葉蓋大罐
元(公元 1271—1368 年)
高 30、口徑 24 厘米
1984 年江蘇省溧水縣
出土
江蘇省溧水縣博物館藏

註：龍泉窰宋代名窰之
一。在浙江龍泉縣，故得
其名。龍泉窰始於五代，
南宋時達盛期，元代開
始運銷海外，至清中期
逐漸衰落。

　　此罐腹部圓鼓，蓋作荷葉
形。蓋、頸、腹、足均有凸起的弦
紋。由於胎骨中含較多鐵質，經
高溫燒成後，釉的流動使器口
部邊緣釉薄處微露胎色而泛
紫，足部無釉處呈鐵紅色，世人
稱“紫口鐵足”。釉色爲梅子青，
該罐風格敦厚，釉色俏麗，是元
代龍泉窰(註)的精品。

鈞窰香爐

258 鈞窰香爐
元(公元1271—1368年)
高42.7、口徑25.5厘米
1970年內蒙古自治區
呼和浩特市出土
內蒙古自治區博物館藏

註:鈞窰是宋代五大名
窰之一。窰址在河南禹
縣鈞臺和八卦洞一帶,
古稱鈞州,因而得名。

元代鈞窰(註)瓷器中,像這樣巨製的香爐確實少見。故宮收有一件,與此件極為相似,然尺寸要小些。該爐直口,腹部圓鼓,下承三個獸形足,雙耳高過爐的口沿,耳為帶孔的四方形。頸部堆塑麒麟三個。從北宋起鈞窰燒成的佳品,底部都有刻字,而這個香爐在正面兩個麒麟之間,豎一方牌,上面陰刻"己酉年九月十五小宋自造香爐一個"楷書銘文。通體施天青釉,與雄偉的造型相配,顯得氣勢渾厚,堪稱元鈞中的珍品。

龍泉窯觀音坐像龕

龕為供奉神佛的小閣子。這件作品，一素胎觀音端坐龕內，表情平淡。整龕上施梅子青釉。觀音兩旁各有一童子拱手、持物相侍。龕壁置有淨瓶等佛前供器。該器構思於"送子觀音"的民間傳說。

釉裏紅印花堆螭高足轉杯

259 龍泉窯觀音坐像龕
元(公元 1271—1368 年)
高 24.2 厘米
吉林省博物館藏

260 釉裏紅印花堆螭高足
轉杯
元(公元 1271—1368 年)
通高 12.8、口徑 10.4 厘
米
1980 年江西省高安縣
出土
江西省高安縣博物館藏

註:景德鎮是中國元代
以後最大的瓷窯場。因
宋真宗景德年間所製御
用瓷器,器皿底均寫
上"景德年製"時稱"景
德窯",鎮名也由昌南改
為景德。明代景德鎮成
為全國的瓷業中心,所
創各種色釉和彩飾空前
豐富。清代更有突飛猛
進的發展。現在仍是中
國的主要製瓷基地。

　　釉裏紅是一種傳統的釉下
彩繪瓷器,是元代景德鎮(註)製
瓷業的重要成就。釉裏紅的製
作工序與青花瓷器一樣,所不
同的在於用料。前者是以氧化
銅着色,後者則用氧化鈷作呈
色劑,高溫下一次燒成。

　　這件高安縣出土的轉杯,
製作極為巧妙。杯底和圈足以
子母榫相銜接,可自由旋轉而
不脫落。施青白釉及釉裏紅彩
斑,給人以喜慶和溫暖的感覺。
下腹壁堆塑一螭龍,形象惹人
喜愛。杯內模印折枝梅花、纏枝
菊和回紋。

影靑靑花釉裏紅塔式蓋罐　靑花海水龍紋八棱瓶

　　罐蓋鈕爲塔形，平口，短頸，腹部上鼓下收，平底。腹部堆塑四靈，均以靑花、釉裏紅點綴。脛部飾變體蓮紋。肩部

款"劉大使宅凌氏用"、"大元至元戊寅元月壬寅吉置"。這是迄今所見唯一有紀年的靑花釉裏紅瓷器。

261　影靑靑花釉裏紅塔式蓋罐
元(公元 1271—1368 年)
通高 22.5、口徑 7.7 厘米
1974 年江西省景德鎮市出土
江西省博物館藏

十四世紀前後，景德鎮青花瓷器燒製成功，成爲中國製瓷史上一件劃時代的大事。"青花"是指應用鈷料在瓷胎上繪畫，然後上透明釉，在高溫下一次燒成，呈現藍色花紋的釉下彩瓷器，它的優點是着色力強，發色鮮艷，紋飾不褪脫，並具有中國傳統水墨畫明淨、素雅的藝術效果。保定市出土的一批青花瓷器，爲元代青花瓷器的代表作。海水龍紋八棱瓶是成雙出土的，這是其中的一件。該瓶以青花海水爲底襯托出凸起的四條白龍，這種裝飾極少見到。元青花紋飾主輔結合，繪畫繁密，具有層次多，畫面滿佈的特點，但因主次分明，渾然一體，勻稱美觀，並不給人以瑣碎和堆砌的感覺。

262 青花海水龍紋八棱瓶
元(公元 1271—1368 年)
高 51.5、口徑 6.6 厘米
1964 年河北省保定市出土
河北省博物館藏

青花蕭何月下追韓信圖梅瓶　青花蒙恬將軍玉壺春瓶

263 青花蕭何月下追韓信
圖梅瓶
元末明初 (約公元 14 世
紀)
通高 44.1、口徑 5.5 厘米
1959 年江蘇省南京市
明代黔寧昭靖王墓出土
江蘇省南京市博物館藏

此瓶小口、豐肩、斜腹、平
底。綫條圓潤流暢,通體繪青花
紋飾。肩部爲 "雜寶" 紋及纏枝
牡丹紋,腹部繪漢代典故 "蕭何
月下追韓信" 的人物故事及梅
花、竹子、松樹、芭蕉、山石等輔
助紋樣,下部繪有寶蓮紋。

此瓶雖然通體裝飾各種紋
樣圖案,層次較多,但多而不
亂,畫面主次分明,渾然一體,
並不給人以瑣碎、堆砌的感覺。

元代青花瓷器常有歷史人
物作爲裝飾題材,如:明妃出塞
圖、蕭何月下追韓信圖、三顧茅
廬圖等。這件飾以蒙恬將軍端
坐旗下,前方一持弓武士,左手
向後指向一個匍匐在地的文
官。身後一武士舉旗,旗上
書 "蒙恬將軍"。背景有怪石、花
木點綴。此瓶質地堅致,造型工
整,通體施白中泛青的白釉,釉
下繪出青色,用筆重處呈藍黑
色,畫面主次分明,綫條流暢。

264 青花蒙恬將軍玉壺春
瓶
元 (公元 1271—1368 年)
通高 30、口徑 8.4 厘米
1956 年湖南省常德市
出土
湖南省博物館藏

青花纏枝牡丹紋帶蓋梅瓶

全器描繪青花紋樣兩組。器腹爲纏枝牡丹，以四朵盛開的牡丹花爲中心，枝葉纏繞其間，牡丹花或抑或覆，儀態萬方。肩部繪如意紋，紋內塡細波疊起的海水及荷葉、荷花。運筆細膩，自然生動。脛部飾一周變體蓮瓣紋。這種裝飾效果，顯然是受元代絲織、刺繡工藝的影響。陶工們爲了使自己的製品顯得高貴，極力模仿追求貴族們使用的織繡花紋，因而這一時期青花瓷紋樣多織錦圖案，形成其獨特的風格。

265 青花纏枝牡丹紋帶蓋梅瓶
元(公元 1271—1368 年)
通高 48.7、口徑 3.5 厘米
1980 年江西省高安縣出土
江西省高安縣博物館藏

導言

中國有一句古老的格言：真金不怕火煉。黃金以其貴金屬獨有的特性，歷來為世人所珍愛。古代的中國人更是按照自己的想象賦予它以美好的、人格化的品德。

人類對黃金和白銀很早就有所認識並加以利用。公元前五千年埃及拜達星文化時期就已出現了黃金製品；同樣，最早的銀器出現於美索不達米亞的烏魯克文化。在東方的黃河流域，金銀飾品出現於距今三千年前的商代。河南省鄭州、安陽，河北省藁城的商代遺址中都有金塊或金片出土。其中，安陽殷墟發現的金箔，厚度僅有百分之一毫米，證明當時對金的延展性已有了一定認識。而出土於北京平谷商墓的金笄，重一百零八點七克，純度為百分之八十五，經測定證明是鑄造的。

最晚至戰國（公元前四七五至前二二一年）時期，貴族不但用金作裝飾品，而且使用金質的器皿了。戰國初期的湖北省隨縣曾侯乙墓就出土了重達二千一百五十克的金盞，這是中國目前已知的最早的黃金器皿。它是採用分鑄、合鑄、再加以焊接的方法製成的。河南省輝縣固圍村出土的戰國銀帶鈎以及江蘇省漣水縣三星墩出土的戰國金帶鈎，均是鑄造成形的。春秋戰國時期還出現了在青銅器上鑲嵌金銀的工藝，並開始把黃金鑄成貨幣流通。位於長江流域的楚國，就大量鑄造了郢陵金幣。可以說，中國古代金銀器的製作工藝，是在傳統的青銅器鑄造工藝基礎上發展起來的。

到秦漢（公元前二二一年至公元二二〇年）時期，金銀產量已相當可觀，尤其是黃金，皇帝用來賞賜大臣的黃金數量頗巨，並將其鑄成馬蹄形狀，冠以馬蹄金、麟趾金的美名。但值得注意的是，金銀器皿在漢代以前極為少見。究其原因可能與發達的青銅文化有關，即發達的青銅製品制約了金銀器皿的發展。因為同樣的鑄造技術與相同的光澤，使黃金與青銅相比並不佔太大的優勢。

"絲綢之路"開通後，漢王朝與西方有了比較密切的往來，西方的掐絲等新的金銀加工工藝，約在公元前一世紀影響到中國。公元一到二世紀，許多地點的東漢墓葬中都發現了掐絲等工藝的金飾品。河北定縣發現可能是卒於公元一七四年的中山穆王劉暢墓出土了一批掐絲動物形金飾件，其工藝、造型已相當精美。在邗江東漢廣陵王劉荊墓中所發現的金銀器中，炸珠、掐絲、錘鍱等工藝已運用得十分純熟。這是受中亞地區發達的金銀製作工藝影響的結果。與這些金銀加工工藝同時傳入中國的還有一種綴以桃形或圓形小金片的飾物，被稱之為步搖，在中國北方地區流行甚廣。其中遼寧北票房身村鮮卑石板墓出土的桃形步搖金飾，年代可能早到三到四世紀。其後，還有發現於遼寧北票縣的馮素弗墓出土的金步搖，年代均已到五世紀。這些流傳於中國北方的步搖金飾物還經過高句麗和朝鮮半島，渡海到達了日本。從此，中國的金銀加工工藝開始從青銅鑄造技術的附庸地位擺脫出來，步入了一個新天地。

唐代（公元六一八至九〇七年）是中國金銀器製造和使用的鼎盛期。中央政府專門設立了製造金銀器的機構——金銀作坊院，其產品用於上層社會的賞賜、貢奉、施捨等等。金銀器的使用範圍也從皇室擴大到官僚貴族，這使得金銀器數量急增。據《舊唐書·王播傳》記載，唐文宗時，節度使王播一次就進奉大小銀碗三千四百件之多。

目前所發現的唐代金銀器數量已相當可觀，其中具有代表性的是下列三批。

一是一九七〇年西安何家村發現的二百七十餘件金銀器；二是一九八三年陝西省扶風法門寺地宮所出土的一百二十一件金銀器；三是一九八三年江蘇省丹徒丁卯橋出土的九百五十六件銀器。它們基本上可以代表唐代金銀器發展的工藝水平與藝術成就。但是可以肯定為七世紀末迄八世紀初期的金銀器遺存極為稀少，這可能和唐玄宗開元二年（公元七一四年）七月下令銷毀金銀器物並詔天下更不得刻鏤器玩有關。約從八世紀起，唐代金銀器製造漸入盛期。這時的金銀器有純仿西方之作，但更多的是西方器形、中國紋樣。其中何家村金銀器反映了盛唐時期北方金銀工藝的成就，它們華貴典雅，還保留著中亞金銀器的濃厚風格，有的就是薩珊金銀器的仿製品。法門寺的金銀器是晚唐懿宗和僖宗的供奉之物，除少數係江南貢品外，大部分是內廷文思院的產品，構思巧妙，工藝精美，融會了中外工藝之長處，在風格及工藝上已走出了單純模仿中亞金銀器的舊路。而丁卯橋的銀器則代表了晚唐時期江南地區的金銀加工工藝水平。它們反映出晚唐以後由於中原戰亂而江南經濟穩定發展，使江南金銀器工藝水平超過了中原製品的事實。

這三處重要發現，恰可代表唐代金銀器發展的三個歷史階段，使我們對唐代金銀器的發展脈絡有了更深的認識。

唐代金銀器不僅種類繁多，而且紋飾也極為豐富多彩。唐代前期，不僅金銀器數量少，而且有很多器物是波斯薩珊式的。像八棱帶柄杯、高足杯、執壺及多瓣橢圓形盤等，紋飾則為狩獵紋、折枝花紋以及以翼獸、寶相花為中心的纖細忍冬圖案。唐代後期，原有的器形已基本不用，轉為吸取中國同時代傳統的銅器、漆器、陶瓷器的造型，大多為碗、盤、盒等。紋飾上也變為團花、羽鳥為中心，環以纏枝花草的紋飾，富於寫實意味，並逐漸簡化、抽象。

到了宋代（公元九六〇至一二七九年），金銀器不僅在上層社會中使用，就連富有的平民乃至酒肆、妓館也都大量使用了。當時民間也開設了專門製作金銀器的銀鋪，從而加深了金銀器世俗化和商品化的色彩。現在所發現的宋代金銀器上屢見"龐家造洛陽子昌"、"孝泉周家打造"等商號標記。

在金銀器的造型、紋飾及風格上，宋代一反唐代的富麗豪華之風，轉為素雅而生動的風格，以迎合那些新興階層的使用者。造型上充分發揮了金銀延展性好的特點，紋飾上追求多樣化，或素面光澤奪目，或飾花鳥輕巧玲瓏。工藝上全面繼承並發揚了唐代的板金、澆鑄、焊接、切削、抛光、鉚、鍍、錘鍱、刻鑿、鑲嵌等手法。

明清（公元一三六八至一九一一年）時期的宮廷金銀器，可以北京明定陵出土的萬曆皇帝金冠和孝靖皇后的金鳳冠為代表，金冠是用極細的金絲編織而成的，而鳳冠則應用了極其複雜的掐絲、鑲嵌珠寶點翠工藝。這兩件皇室用品堪稱是集宋元以後金銀加工工藝大成的典範。

中國古代的金銀器傳世品並不多，究其原因，不外乎是由於金銀的產量少，而且還被用來充當貨幣。歷史上曾經存在過的金銀器，無論它是多麼精美絕倫，也往往在劫難逃，不免被一再熔鑄，或充當貨幣，或重製新器。不過幸運的是，古代的人們在逃避戰亂或突發事件時，往往會把金銀器深埋於地下，而主人却可能再也不能回來掘取。滄海桑田，幾度風雨，終於又有一些金銀器得以重見天日，真令人感慨不已！

本集收錄的四十件金銀器是現存的歷代佳作，數量雖然不多，但從中亦可窺見中國金銀器製作史的發展軌迹。

趙古山，男，一九六二年出生於北京市。一九八五年北京大學考古系畢業。一九九二年被評為助理研究員。現在中國文物交流中心展覽處工作。參與籌備赴加拿大"華夏瑰寶"、赴日本"敦煌——西夏王國"、赴新加坡"漢代文明"、赴日本"中國博物館藏古代玻璃器、金銀器"等文物展覽，並參與編著有關展覽圖錄。

金盞，金匕

　　金盞、金匕發現於曾侯乙(註)的棺木之下，其中金匕被置於金盞之內，顯然它們是配套使用的。用金盞盛放食物，用有鏤孔的金匕撈取湯汁中的食物。此器製工精湛，含金量高達百分之九十八，是迄今出土先秦時期最重的一件金質器皿，代表了先秦貴金屬工藝的成就，彌足珍貴。

266 金盞 金匕
戰國 (公元前 475— 前 221 年)
高 10.7、口徑 15.1、匕長 13 厘米
盞重 2156 克，匕重 56.45 克
1978 年湖北省隨縣曾侯乙墓出土
湖北省博物館藏

註：曾侯乙是戰國早期曾國的君主，此墓所出土的青銅禮器、樂器、兵器上均有＂曾侯乙乍＂(作)銘文，說明墓主就是曾侯乙。
　　此墓出土隨葬品共一萬餘件，最著名的是一套青銅編鐘(見圖 163)。

匈奴金冠

匈奴是中國古代北方草原上的一支強大的游牧民族。這套金冠是迄今爲止發現的唯一完整的胡冠，爲強悍的匈奴王所戴，是權力與地位的象徵。胡冠的皮革部分雖已腐爛，但是金冠頂上的雄鷹依舊俯瞰着金冠帶上的豺狼與綿羊的殊死搏鬥。胡冠在戰國趙武靈王胡服騎射後隨着中原地區服裝的改變而傳入漢族地區，只是將冠頂的雄鷹改成了鶡尾，專爲武將所戴。

267 匈奴金冠
戰國（公元前 475— 前 221 年）
金冠頂高 7.1、金冠帶直徑 16.5 厘米
金冠重 192. 金冠帶重 1022.4 克
1972 年內蒙古自治區伊克昭盟杭錦旗阿魯柴登出土
內蒙古自治區博物館藏

"文帝行璽"金印

在中國秦代時，只有皇帝的印信能被稱爲璽。到漢代，皇帝、諸侯王、皇太后的印信都可稱璽。這枚刻有"文帝行璽"的金印，就是西漢時割據廣東、廣西的第二代南越王趙眜的印章。他僭稱文帝，以漢朝皇帝的

規格自鑄金印並以游龍爲鈕，與當時的西漢中央王朝分庭抗禮。

這是迄今爲止所發現的最早的一枚龍鈕金印。

268 "文帝行璽"金印
西漢 (公元前 206— 公元 25 年)
高 1.8、邊長 3.1 厘米,重 148.5 克
1983 年廣東省廣州市南越王墓出土
廣東省廣州市南越王墓博物館藏

金獸

269 金獸
西漢 (公元前 206— 公
元 25 年)
高 10.2、長 17.8 厘
米，重 9000 克
1982 年江蘇省盱眙縣
南窯莊穆店窖藏出土
南京博物院藏

金獸以黃金鑄成，重達九千克，是目前中國考古發現的金器中最重的一件。金獸全身蜷曲，匍臥於地，頸部鑄有項圈。通體鏨有不規則的圓形斑紋，顯然是已馴服的金錢豹的形象。漢代時宮廷中養有馴豹，據記載漢武帝死時就在茂陵中殉葬了豹，另外北京豐臺大葆臺漢墓中也出土了豹骨架。此外，虎豹一類的猛獸是漢代人心中的神獸，認為它們可以守衛九關，鎮魔壓邪，在長沙馬王堆漢墓的帛畫中就畫有虎豹守天門的形象。金獸鑄成半球形，自然是"鎮"用來鎮壓席角。

金獸上刻有"黃六"二字，黃指黃金，六則是表示這是同類製品中的第六件。

金獸出土於窖藏中，放置於一件銅壺上，銅壺中存放有金郢爰十一件，金餅十件，馬蹄金十五枚。黃金重量合計有二十餘公斤。銅壺為戰國時燕國的容器，上刻銘文三段。最後一段銘文則是記載了齊國乘燕國內亂派將軍陳璋攻陷燕國，奪取了這件燕國重器的經過。可見銅壺上的銘文為陳璋的記功辭。在西漢的窖藏中發現的金獸、銅壺以及壺內大量的金幣，說明其擁有者的權勢和財富確實非常驚人。推測這些財富是西漢前期某一次戰亂中，其主人因來不及帶走而倉促埋下的，直至兩千多年後，才又重新展示在我們面前。

金龍佩飾

270 金龍佩飾
北朝(公元 386—581 年)
長 128 厘米.重 214 克
1981 年內蒙古自治區
烏蘭察布盟達茂旗出土
內蒙古自治區博物館藏

據推測它是一條項飾。兩端爲用金片捲成的龍頭，龍身是由金絲編綴成的管形金索，金絲環環相套，如同龍鱗片片相叠。全身用二百七十環連綴，可曲可直，靈活自如。另外在龍身上現存七件裝飾品，分別是兩隻金盾、兩隻金戟、兩個金梳和一隻金鉞。

這麼長的佩飾，以及它上面的各式裝飾，無不顯示出北方游牧民族的審美情趣和特殊

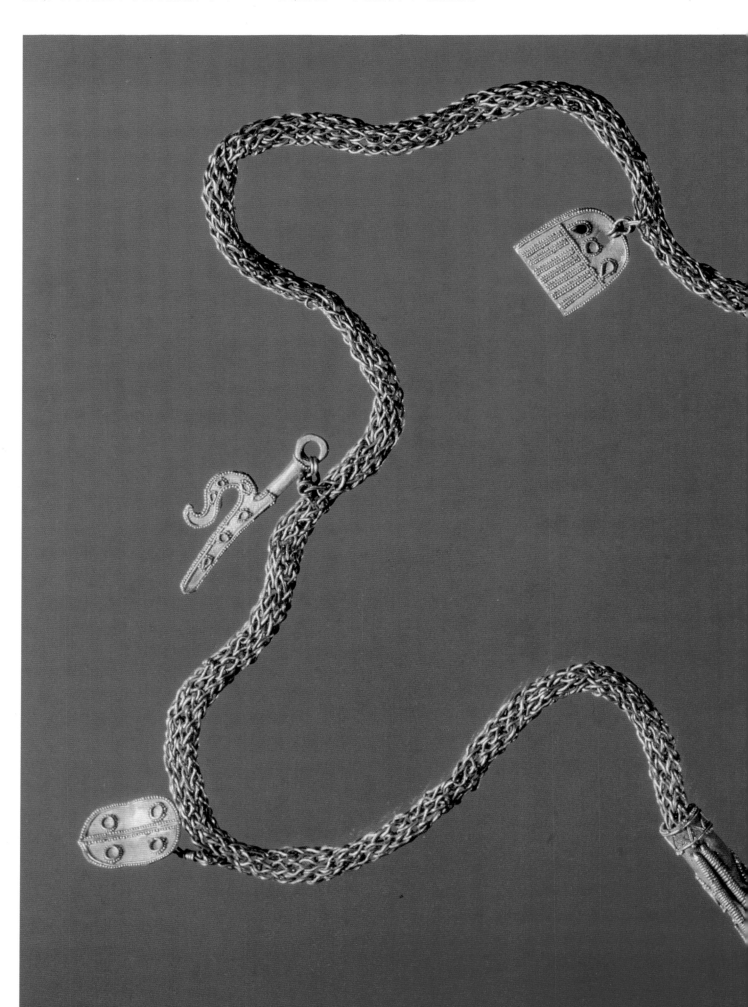

的風俗習慣，是不可多得的一
件北方游牧民族的工藝品。

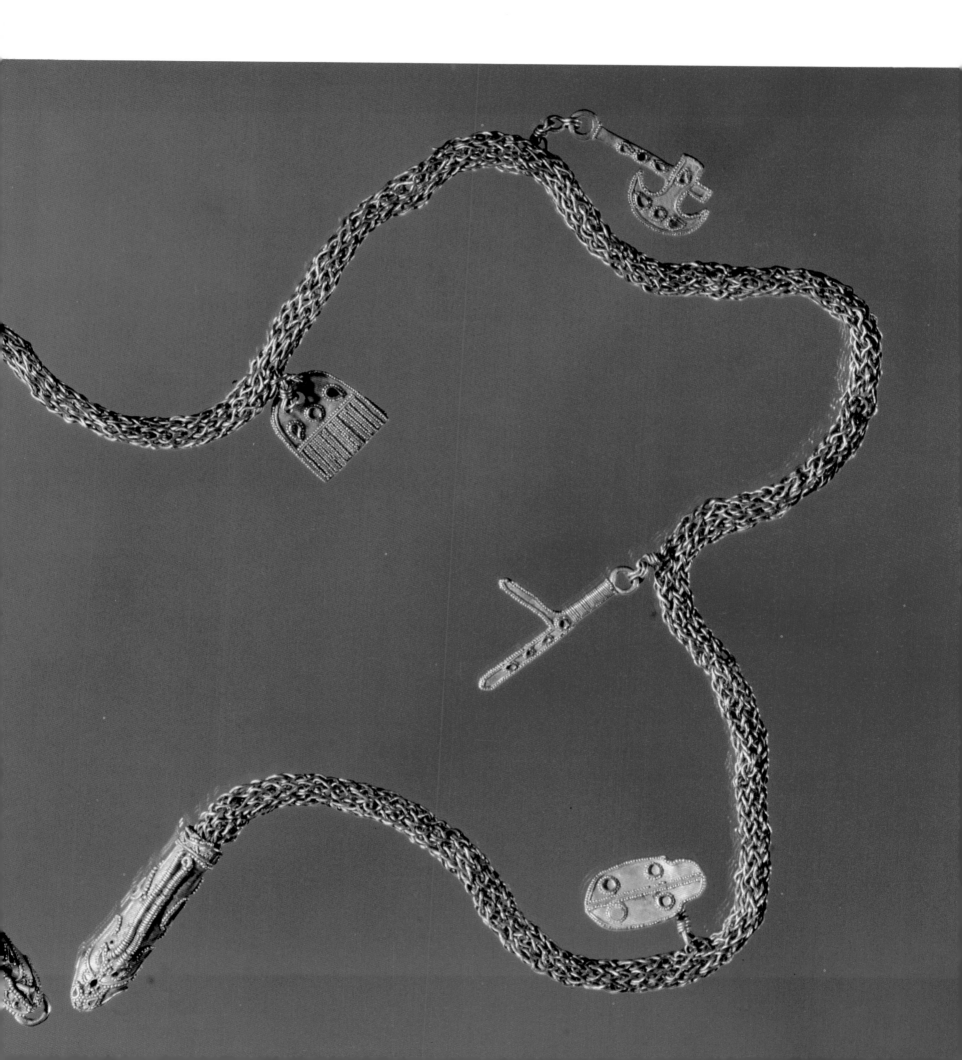

鹿角牛頭金冠飾

步搖冠是中國北朝時北方鮮卑族慕容部所喜愛的一種頭飾。據說慕容部落的名字原為"步搖"，因為他們喜歡戴步搖冠而得此名，到後來音傳訛讀轉稱為慕容。

一般認為這兩件金冠飾是牛頭形的金步搖冠的裝飾。它們像在牛頭上插了一棵有十二個枝杈的小樹，在每個枝上及牛的雙耳上分別掛着一片桃形金葉。稍有顫動，金葉就會隨之搖曳，走起路來金葉便像被秋風吹動一樣，一片燦然。

271 鹿角牛頭金冠飾
北朝(公元 386—581 年)
高 19.5、寬 14.5 厘米,
1981 年內蒙古自治區
烏蘭察布盟達茂旗出土
內蒙古自治區博物館藏

鎏金薩珊銀壺　鑲嵌珠寶金項鏈

272　鎏金薩珊銀壺
北周(公元 557—581 年)
高 37.5 厘米
1983 年寧夏回族自治
區固原李賢墓出土
寧夏回族自治區固原博
物館藏

這件銀壺出土於北周柱國大將軍、原州刺史李賢的墓中。銀壺把上鑄有一個深目高鼻、頭戴圓帽的胡人頭像。壺身用錘鍱方法製成一周三組男女相對的圖像。男人裸體、披斗篷，手持短矛，似正與相對的婦女告別，具有明顯的西亞風格，肯定是波斯薩珊王朝的工藝品。北周原州就在今寧夏固原，是古代"絲綢之路"東段支路的重要地點，李賢墓中發現的這件波斯銀壺反映了"絲綢之路"上中國與西亞的文化交流、商業貿易及友好往來。

李靜訓是隋代周皇太后的外孫女，生前一直由皇太后撫養，死時年僅九歲。也許是出於對死者的愛憐或對其早夭的惋惜，死者的隨葬品十分豐富。這件鑲嵌珠寶金項鏈發現於死者的頸部，是墓主生前佩戴之物。項鏈由二十八顆鑲嵌珍珠的金珠連接而成，兩端有搭扣，並用青金石鑲嵌。下端由二十四顆珍珠環繞着一個碩大的雞血石，並連接一塊卵形青金石為墜飾。青金石原產於中亞阿富汗，而項鏈又極具波斯風格，因此一般認為它是經由"絲綢之路"傳入中國的。

273　鑲嵌珠寶金項鏈
隋(公元 581—618 年)
周長 43 厘米
1957 年陝西省西安市
李靜訓墓出土
中國歷史博物館藏

舞馬銜杯紋皮囊式銀壺

　　銀壺的造型仿照北方游牧民族所用的皮囊之形，壺身兩側均模壓一匹翹首擺尾，銜杯而拜的駿馬。這正是唐玄宗時有名的舞馬形象。據史書記載：舞馬有百匹之多，均爲唐玄宗親自訓練的。每逢八月玄宗生日時，這些馬就會按音樂節拍而舞，並俯身祝壽。爲唐玄宗作宰相的張說曾親眼目睹舞馬祝壽的盛況，寫過一首《舞馬千秋萬歲樂府詞》，詞中說：

　　聖皇至德與天齊，天馬來儀自海西。

　　腕足徐行拜兩膝，繁驕不進踏千蹄。

　　鬃髼奮鬣時蹲踏，鼓怒驤身忽上蹄。

　　更有銜杯終宴曲，垂頭掉尾醉如泥。

　　詩中所描寫的終曲時舞馬銜杯敬酒、垂頭掉尾的形態被栩栩如生地表現在銀壺的畫面上。

　　不過，令人惋惜的是，這些身懷絕技的舞馬，結局却十分悲慘。安史之亂後，它們先被安祿山所掠，後又歸安祿山的大將田承嗣所有。一天田承嗣軍營中宴樂，廐中舞馬應節起舞，飼養者驚恐不已，而從未見過舞馬表演的田承嗣更是以爲妖孽，竟命軍士鞭撻。在音樂中，突遭鞭打的舞馬，以爲舞得不好，便更賣力的按節拍舞蹈，直到死去。

　　從此舞馬祝壽只成爲人們的回憶。

　　壺底有墨書"十三兩半"，標明了它的重量是唐制十三兩半。

274 舞馬銜杯紋皮囊式銀壺
唐（公元 618—907 年）
高 18.5 厘米
1970 年陝西省西安市南郊何家村出土
陝西歷史博物館藏

275 舞伎八棱金杯
唐（公元 618—907 年）
高 6、口徑 6 厘米，重 378 克
1970 年陝西省西安市南郊何家村出土
陝西歷史博物館藏

276 刻花金鐺
唐（公元 618—907 年）
高 3.4、口徑 9.2 厘米，重 266 克
1970 年陝西省西安市南郊何家村出土
陝西歷史博物館藏

舞伎八棱金杯　刻花金鐺

舞伎八棱金杯具有明顯的波斯薩珊金銀器風格。杯為八棱形，分隔出的每一面上都有一個高浮雕的舞伎形象。他們身着短衣，寬褲拖地，頭戴捲簷尖帽或瓦楞帽，笑容可掬，神態各不相同。分別持拍板、小鐃、洞簫、曲頸、琵琶等樂器演奏，有的似正在翩翩起舞。場面歡快、熱鬧，就像是一場精彩演出。鋬柄為一圈聯珠紋，上面裝飾着一對相背的側面胡人形象，深目高鼻，長鬢下垂。它是一件反映中西文化交流的重要實物。

鐺是中國古代的一種三足溫酒器。目前所發現的唐代金銀器中銀鐺較多，而金鐺極其罕見。這件金鐺係錘鍱成形，器外從底部中心起刻凸起的 S 形輻射狀葉脈九條，以魚子紋為底紋，並以陰綫鏨出雙鳥銜綬、雙鳥銜方勝、立獅及花卉等。器內底部裝飾一高浮雕的雙獅圖，獅子憨態可掬，十分可愛，仿佛已被鐺中的美酒所醉。金鐺以三個遒勁的獸腿為足，以一個婀娜柔弱的葉芽為柄。全器剛柔相濟、相得益彰，唐代工匠的匠心獨運，實在令現代人拍案叫絕。

掐絲團花金杯

277 掐絲團花金杯
唐(公元 618—907 年)
高 5.9、口徑 6.8 厘米,重
300 克
1970 年陝西省西安市
南郊何家村出土
陝西歷史博物館藏

　　這件金杯是用掐絲工藝裝
飾的。就是先把黃金錘成均勻
的細絲,再製成多層花瓣組成
的團花和如意雲頭紋飾,隨即
焊接在杯上。

　　金杯上共裝飾四組團花,
每兩組團花之間的杯口、杯足
上都裝飾着如意雲頭紋,更使
得金杯的紋飾如同行雲流水,
舒展大方。

　　金杯出土時,團花中還留
有填料的粉末。此金杯不失為
珍貴的唐代掐絲琺瑯製品,被
認為是明代景泰藍的前身。

鏤空銀香囊

提起香囊，不禁使人想起唐玄宗與楊貴妃的愛情悲劇。據史書記載，當南逃四川的唐玄宗返回長安後，念及舊情，密令宦官高力士改葬賜死後葬於馬嵬坡的楊貴妃。然貴妃"肌膚已壞，而香囊仍在"。香囊何以不朽、是什麼模樣，一直以為香囊為天然織物的人們自然難以知曉。直到法門寺地宮被發現後，對照地宮中出土的《監送真身使隨真身供養道具及金銀寶器衣物帳》和同時出土的銀香囊，疑團才被解開。

這件銀香囊扳金成形，通體鏤空。分上下兩個半球，以鉸鏈連接，通過子母口扣合。囊內下半球裝置兩個同心機環和一個承香盂。平衡環之間及內平衡環與承香盂之間均以直角狀態，相互鉚接支承，使承香盂在香囊無論怎樣轉動都不致傾斜或倒覆。完全符合現代陀螺儀的原理。中國古代水香不發達，人們對香味的需求幾乎完全依賴於熏香。或許是因為徐徐燃放的熏香攜帶不便，才使唐人想出如此科學巧妙的方法，竟與千年之後歐美發明的陀螺儀原理相一致，古代勞動人民的聰明才智令人讚嘆。

278 鏤空銀香囊
唐（公元 618—907 年）
直徑 4.5 厘米
1970 年陝西省西安市
南郊何家村出土
陝西歷史博物館藏

鎏金神獸紋銀盤

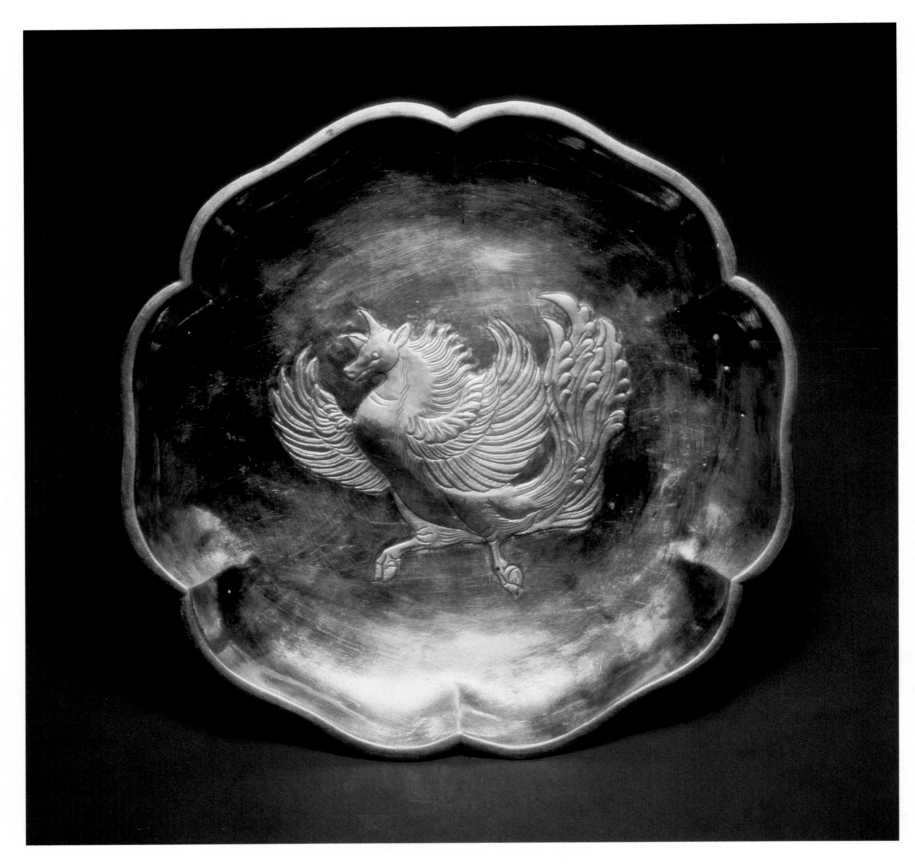

銀盤爲六瓣花卉形，盤中央錘鍱出一隻神獸，它形象怪異，頭似牛，獨角，馬頸，並有鬃毛、鳥身、鳳尾、牛足。

神獸在中國遠古神話中屢見不鮮，漢代馬王堆漆畫中就出現了很多羊首人身的神獸形象。佛教傳入中國後，又與印度的神獸逐漸結合，形象更爲怪異。唐王朝上承漢魏的神仙思想，初崇道教，後又崇佛。因此，在唐代銀盤上出現這種神獸絕非偶然。

279 鎏金神獸紋銀盤
唐(公元618—907年)
高1.2、口徑15.3厘米、
重211克
1970年陝西省西安市
南郊何家村出土
陝西歷史博物館藏

鎏金異獸紋銀盒

280 鎏金異獸紋銀盒
唐(公元 618—907 年)
高 6、口徑 13 厘米,重
426 克
1970 年陝西省西安市
南郊何家村出土
陝西歷史博物館藏

銀盒通體以魚子紋爲裝飾
底紋。盒正中鏨刻一獨角異獸,
它肩生兩翼,足踏於流雲之上。
盒壁裝飾折枝花卉及飛鳥奔獅
等紋飾。

雙桃形雙狐紋銀盤　單輪十二環金錫杖

銀盤爲一個剖開的雙桃形，在盤底分別錘鍱出一隻正回首顧盼的狐狸，並施以鎏金。紋飾鏨刻精湛，使狐狸顯得生動逼真。

281 雙桃形雙狐紋銀盤
唐(公元 618—907 年)
高 1.5、長 22.5 厘米，重 328 克
1970 年陝西省西安市南郊何家村出土
陝西歷史博物館藏

金花銀匜

錫杖是佛教僧人修行、雲游時隨身攜帶的十二種物品之一。佛教密宗、顯宗因對錫杖的使用不同,而賦予其不同的含義。顯宗以之爲乞食、驅蟲的用器;密宗則認爲它是佛教密宗最重要的主尊大日如來的內證本誓的標識物之一。

這件純金錫杖是法門寺地宮所出的三枝錫杖之一,是唐懿宗爲迎請法門寺佛骨,特命宮廷文思院製造的金銀法器之一。錫杖爲單輪十二環,輪心之杖端,爲結伽趺坐於蓮座上的坐佛,有背光。杖樽爲寶珠形,輪頂爲仰蓮座智慧珠。

282 單輪十二環金錫杖
唐(公元 618—907 年)
長 27.6 厘米,重 211 克
1987 年陝西省扶風縣
法門寺地宮出土
陝西省法門寺博物館藏

匜是中國古代的一種盥洗用器,一般用靑銅鑄造,用以傾水洗手。這件唐代的銀匜形體較小,肯定不會是用來盛水洗手的,而是一種仿照古器製作的盛食器皿。器口的流則是專門爲傾到匜內的湯汁而設計的。這件銀匜通體素面,只在器壁上鏨出荷花等花紋並塗金,更顯得素雅大方,十分美觀。

283 金花銀匜
唐(公元 618—907 年)
高 8.7 厘米
1970 年陝西省西安市
南郊何家村出土
陝西歷史博物館藏

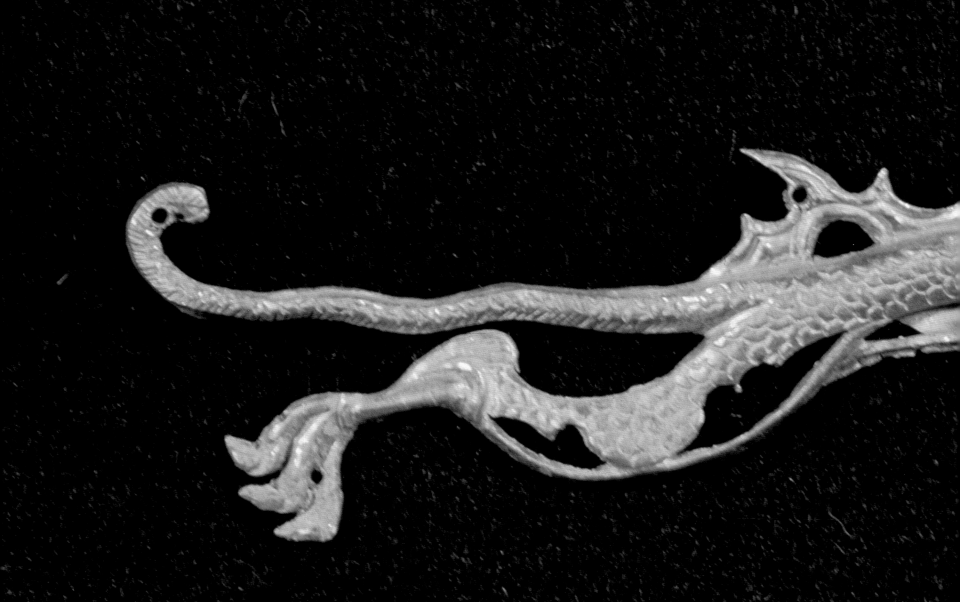

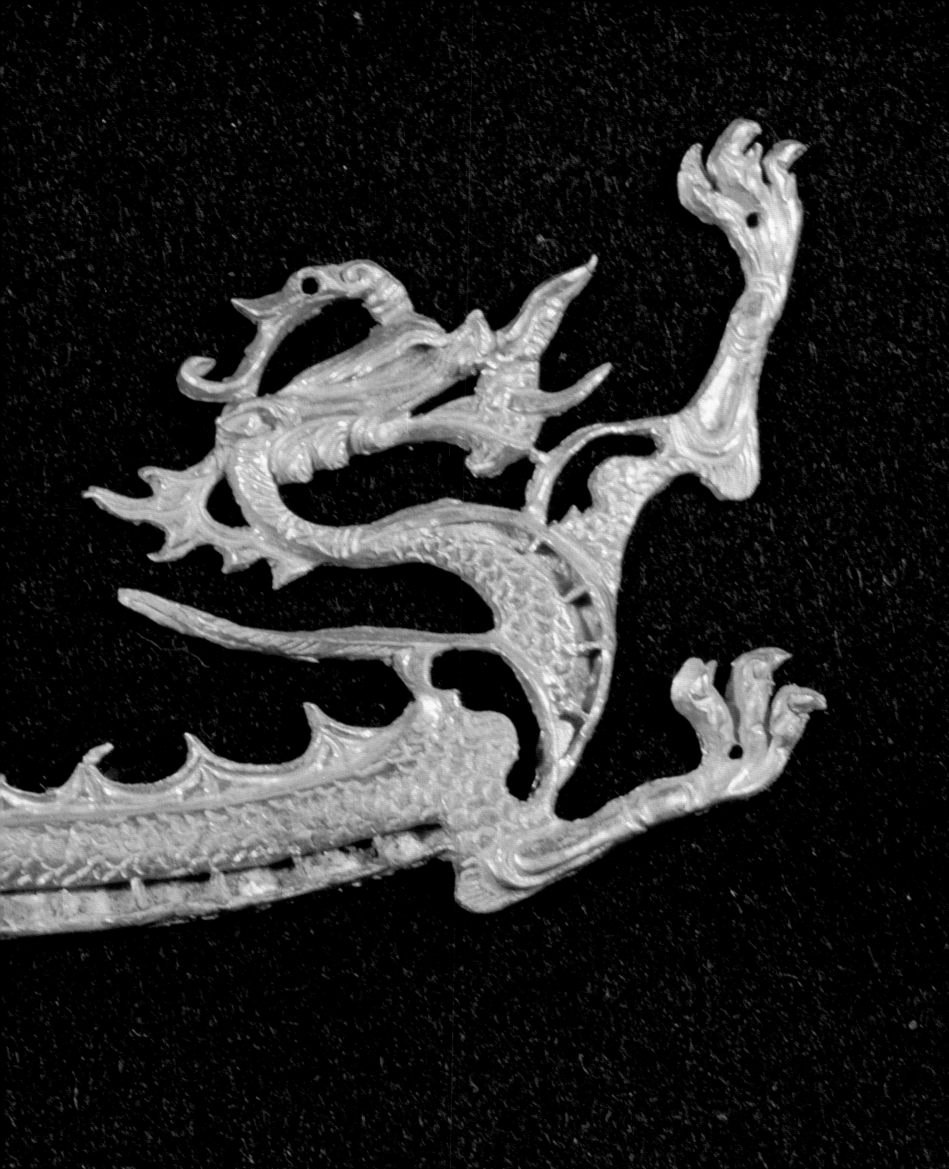

金龍　五足三層銀熏爐

　　龍既是中國古代神話傳說中的神獸，又是中國帝王的象徵。皇帝被稱爲"真龍天子"，皇帝的寶座叫龍椅，穿的衣服爲龍袍。

　　在漫長的中國封建時代，所有裝飾有龍的用具只能爲皇帝專用，否則會招致殺身之禍。西安是許多中國古代王朝的都城，發現金龍是很自然的。

　　這件金龍原是器物上的裝飾，現器物雖已不存，但金龍還在，張牙舞爪，正欲騰飛而去。

284　金龍
唐(公元 618—907 年)
高 4、長 9.4 厘米，重
11.2 克
1971 年陝西省西安市
出土
陝西省西安市文物園林
局藏

　　中國古代一般都使用薰香，熏爐就是燃放薰香的器具。這件熏爐下層有五個獸形足，上承兩層有如意雲頭鏤孔的爐身、爐蓋。燃放香料時，香煙從孔中裊裊升起，使人會有一種飄然欲仙的感覺。

285　五足三層銀熏爐
唐(公元 618—907 年)
高 31.5、口徑 16 厘米，
重 3995 克
1970 年陝西省西安市
南郊何家村出土
陝西歷史博物館藏

六曲熊紋銀盤

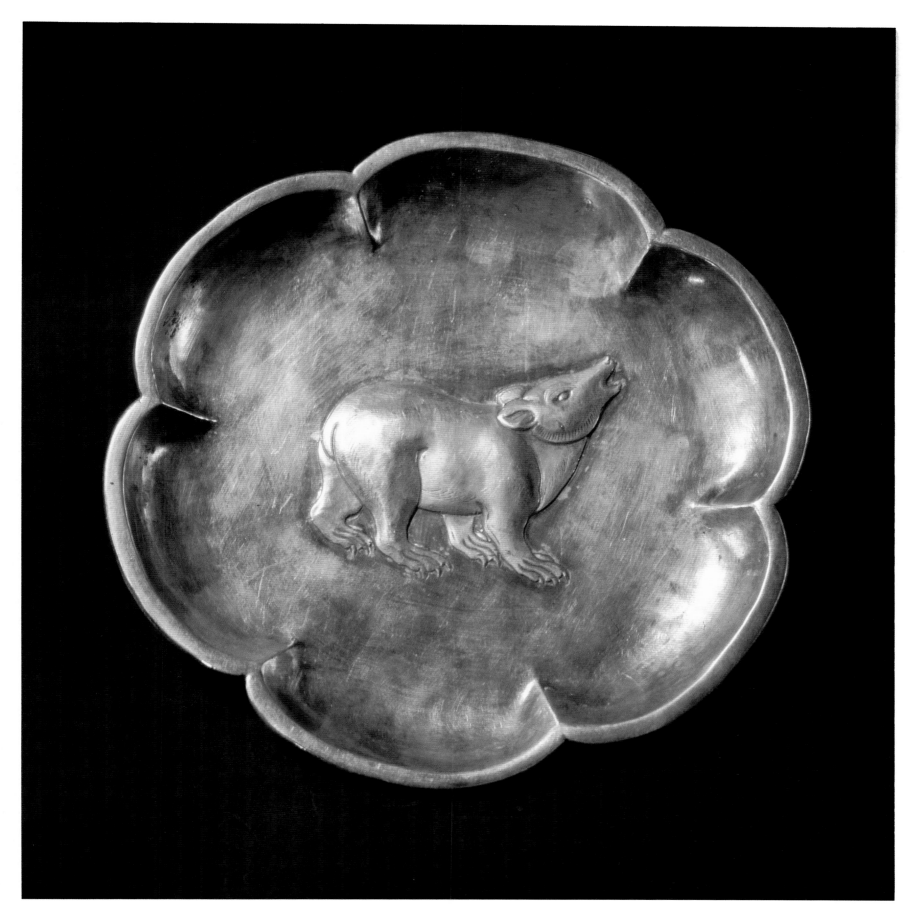

　　銀盤為六曲形,通體素面,僅在底部錘鍱出一隻仰首張口的熊紋。

　　唐代金銀製造業發達,金銀器皿造型完美,結構巧妙,工藝複雜精細,具有相當高的水平。一九七○年,西安南郊何家村(唐長安城興化坊)發掘出兩瓮唐代窖藏文物共一千多件。內有金銀器二百七十件,數量種類之多是前所未有的。這件六曲熊紋銀盤是其中的一件珍貴物品,其製造年代不晚於天寶十五年(七五五年)。

286 六曲熊紋銀盤
唐(公元 618—907 年)
高 1、口徑 13.4 厘米,重 140 克
1970 年陝西省西安市南郊何家村出土
陝西歷史博物館藏

捧眞身銀菩薩　鎏金如來說法盝頂銀寶函　盤絲座銀蓮花

287　捧眞身銀菩薩
唐 (公元 618—907 年)
高 38.5 厘米, 重 1926 克
1987 年陝西省扶風縣
法門寺地宮出土
陝西省法門寺博物館藏

唐代崇佛, 自高宗、武后, 至中宗、肅宗、德宗、憲宗都屢次從法門寺將佛指舍利迎入宮中供奉。因耗資巨大、影響國力, 憲宗統治時期, 大詩人韓愈曾上疏勸阻, 因而觸怒了唐憲宗, 被貶爲潮州刺史。

在未發現法門寺地宮文物以前, 歷代唐朝皇帝以何物盛放舍利一直是個謎。這尊捧眞身銀菩薩被發現後, 才知道唐懿宗時迎入宮中的舍利就放於菩薩雙手所捧的荷葉形盤內。這件捧眞身銀菩薩發現時, 荷葉盤上承放刻有發願文的鎏金銀匾。發願文共十一行六十五字:

"奉爲睿文英武明德至仁大聖廣孝皇帝, 敬造捧眞身菩薩永爲供奉。伏願聖壽萬春, 聖枝萬葉, 八荒來服, 四海無波。咸通十二年十一月十四日皇帝延慶日記。"

根據《舊唐書·懿宗本紀》: "咸通十二年正月戊申, 宰相路岩率文武百僚上徽號曰: '睿文英武明德至仁大聖廣孝皇帝,' 御舍元殿, 冊禮畢, 大赦。" 說明它是唐懿宗李漼所有的器物。

捧眞身銀菩薩是唯一的一件刻有皇帝名號的唐代金銀器, 也是目前發現的唐代最高等級的文物。

法門寺地宮中的佛指舍利共四枚，其中一枚被放置在地宮後室唐懿宗供奉的八重寶函之中。寶函依次為銀棱盝頂檀香木寶函，鎏金四天王盝頂銀寶函，素面盝頂銀寶函，鎏金如來說法盝頂銀寶函，六臂觀音盝頂金寶函，金筐寶鈿珍珠裝金寶函，金筐寶鈿珍珠裝珷玞石寶函，寶珠頂單檐四門金塔。舍利放置於金塔之中。

這件鎏金銀函是八重寶函的第四重，通體裝飾各種花紋，函四面分別鏨刻着佛說法圖。據佛經記載，釋迦牟尼三十五歲時在菩提樹下悟道成佛，並向眾人宣講教義，使之皈依佛門。這在佛教史中被稱為佛初轉法輪。這件銀寶函四面所刻就是這次初轉法輪的情景。

288 鎏金如來說法盝頂銀寶函
唐(公元 618—907 年)
高 16.2 厘米，重 1666 克
1987 年陝西省扶風縣
法門寺地宮出土
陝西省法門寺博物館藏

289 盤絲座銀蓮花
唐(公元 618—907 年)
高 41 厘米，重 535 克
1987 年陝西省扶風縣
法門寺地宮出土
陝西省法門寺博物館藏

據佛經說:釋迦牟尼降生於藍毗尼花園時，天上有天童灑水灌頂淨身，而他則下地即會行走，每走一步就生出一朵蓮花。因此蓮花與佛教結下了不解之緣。

這件盤絲座銀蓮花是用銀錘鍱成花瓣、荷葉，再焊接成形的。它也是唐懿宗的御用供品，以蓮花作供養並獻與法門寺佛舍利之前，其崇佛求佑的含義是不言而喻的。

鎏金龜負論語玉燭銀酒籌

此器自銘"論語玉燭"。《論語》是記述孔子言談行事的一部書，爲中國古代四書之一。"玉燭"二字則出自《爾雅•釋天》，意爲四時和氣，溫潤明照。這件金銀器造型爲龜背上馱一鎏金有蓋圓筒，光彩奪目，與"玉燭"之意相對應。龜是四靈之一，是中國古代的祥瑞之物，有龜壽千年之說，以龜形作器是取其長壽之意。

在唐代，無論是宮廷還是民間飲酒行令已蔚然成風，酒籌則是用來行酒令的用具。酒令內容包括自飲、勸人飲、罰酒，及規定斟酒的分量。在這件酒籌的圓筒內放有五十枚銀酒令，每一枚上刻令辭。令辭上半段爲《論語》摘抄，下半段是酒令的具體內容。其中有一枚上刻有"聞一知十，勸玉燭錄事五分。""錄事"是酒宴中服務的執事，"五分"則是飲酒的分量。抽籌者若將論語背誦出來，則酒宴服務的執事要飲五分酒。

估計當時是這樣使用這套酒籌的：酒宴開始時首席先飲一杯，並抽一枚酒籌，同席者讀出令辭，讓某人按酒令來勸酒或罰酒。被勸、罰者則取得抽籌的資格，然後依次勸罰下去。

鎏金臥龜蓮花紋五足銀薰爐

　　薰爐是古代燃放薰香的器具。這件銀薰爐是晚唐懿宗的御用器物，是由宮廷文思院製作的，薰爐爲銀製，花紋均鎏金，黃白輝映，光彩熠熠，顯示出豪華富貴的皇家氣派。其下層是一件由五隻瞪目怒視的獨角獸作的器足承托的銀盤。盤上放置一完整的四足薰爐，爐鈕爲一朵蓮花蕾，在旁邊開有一周蓮花瓣形的鏤孔。

　　爐蓋上面有五朵蓮花，每朵蓮花上臥有一龜，龜首反顧，口銜瑞草，蓮花以枝蔓相連續。

　　法門寺塔是中國境內供奉釋迦眞身舍利的四大名刹之一。唐懿宗以御用的用器奉獻法門寺，表示出唐皇室對佛教的篤信與虔誠。

鎏金摩羯紋銀盆　鎏金鸚鵡紋銀圓盒

盆底的主體紋飾是鏨刻出的一對摩羯紋，在摩羯的前面各有一顆火焰寶珠，同時還裝飾有荷葉、荷花、五對禽鳥、五隻瑞獸、七條鮎魚。摩羯是唐代常見的紋飾(註)，但在盆中裝飾這種河水之精靈，其含義是很深邃的。

這件銀盒採用了"滿地裝"的刻花裝飾，即全器通體裝飾各種紋飾。在器蓋中心用錘鍱工藝做出一對銜草飛翔的鸚鵡，周圍是纏枝蓮花和十隻以蓮花枝蔓相連的飛雁。在通體的魚子紋映襯下，所有的紋飾都施以鎏金。黃白相間，看起來富麗堂皇，美不勝收。

292　鎏金摩羯紋銀盆
唐(公元 618—907 年)
高 7.3、口徑 34.5 厘米，
重 1150 克
1982 年江蘇省丹徒縣
丁卯橋出土
江蘇省鎮江市博物館藏

註：摩羯是印度神話中的一種長鼻利齒，身尾似魚的動物，傳說是河水之精，生命之本。摩羯紋常見於古印度佛教寺院的雕塑、繪畫中。在佛教傳入中國後，摩羯紋也隨之在中國石窟和金銀器皿中出現。

293　鎏金鸚鵡紋銀圓盒
唐(公元 618—907 年)
高 8.5、口徑 11 厘米，重
234 克
1982 年江蘇省丹徒縣
丁卯橋出土
江蘇省鎮江市博物館藏

鎏金雙鸞紋四出銀盤　鎏金鸚鵡紋四出銀盒

294　鎏金雙鸞紋四出銀盤
唐(公元 618—907 年)
高 4.8、長 21、寬 15.3 厘
米,重 203 克
1982 年江蘇省丹徒縣
丁卯橋出土
江蘇省鎮江市博物館藏

註:鸞鳥是中國民間一
種象徵吉祥的飛鳥,雙
鸞是唐代金器和銅器上
極爲流行的裝飾紋樣。

　　四出形的金銀器,是唐代常見的一種金銀器造型。這件銀盤的底部用鏨刻工藝,刻出一對環繞中心火熖寶珠的鸞鳥(註),鸞鳥正回首顧盼,鼓翼奮飛。在盤沿則以魚子紋爲底用錘鍱方法裝飾了八隻飛鳥與纏枝蓮花。

　　這種以纏枝花卉爲主要裝飾題材的紋飾特點,正反映了唐代金銀器由波斯薩珊風格逐步向中國風格的轉變過程。

295　鎏金鸚鵡紋四出銀盒
唐(公元 618—907 年)
高 7.5、口徑 9.5 厘米,重
112 克
1982 年江蘇省丹徒縣
丁卯橋出土(註)
江蘇省鎮江市博物館藏

註:一九八二年一月江
蘇省丹徒縣丁卯橋附近
發現一個大型唐代銀器
窖藏,出土各種銀器九
百余件,這是繼一九七
〇年西安何家村發現
的唐代金銀器窖藏後的
又一重大發現。

　　這件銀盒爲四出形的造型,其餘裝飾紋飾與鎏金鸚鵡紋銀圓盒一樣。

纏枝花飛禽紋金執壺　波斯銀執壺

金壺用錘鍱工藝製成，器身採用"滿地裝"的手法，以魚子紋做底分組自上而下鏨刻各種紋飾。第一層是以四朵蓮花爲中心的抱合式蔓草紋，第二層是以四對鴛鴦爲中心的蔓草紋，第三層爲連續卷雲蔓草紋，第四層是仰蓮紋。蓋鈕爲蓮苞形，柄上裝飾一金龜與金鏈連接在一起。

鴛鴦在中國古代被稱爲"匹鳥,"認爲它們雌雄不分離，是忠貞愛情的象徵。用鴛鴦鳥做圖案是唐代主要的裝飾紋飾。

296 纏枝花飛禽紋金執壺
唐(公元 618—907 年)
高 21.3、口徑 6.6 厘米
1966 年陝西省咸陽市出土
陝西省咸陽博物館藏

297 波斯銀執壺
唐(公元 618—907 年)
高 28、足徑 11.3 厘米,
重 800 克
1975 年內蒙古自治區赤峰市敖漢旗荷葉勿蘇出土
內蒙古自治區博物館藏

執壺是一種由西亞傳入中國的器物，用來盛放酒、水等液體。這件銀執壺的口沿處裝飾了一個胡人的頭像，他深目高鼻，上唇有髭鬚，髮式爲向後梳理的短髮。

無論是銀壺的造型，還是胡人的形象，都具有極其鮮明的波斯薩珊特徵。可以肯定，這件銀執壺是由古代波斯經"絲綢之路"輾轉帶入中國的薩珊王朝工藝品。裝飾於口沿的胡人或許就是古代波斯人的形象。

荷葉形銀器蓋　鎏金摩羯紋銀盤

唐代晚期中國金銀器逐步擺脫了薩珊風格，開始追求造型的自然美。這件銀器蓋被做成一片荷葉，以葉莖為鈕，在器蓋上用鏨刻工藝打出一條條細細的葉脈，再輔以用五隻小魚作的子口，如同一莖浮水荷葉，顯得輕盈灑脫。

銀盤發現時與同出的五件銀器一樣，都被折壓成團，顯然是在特殊的情況下匆忙掩埋的。造型為六瓣形，盤沿上有花卉六組，分兩類相間排列，一類為葡萄，另一類是花卉。盤心裝飾一火焰寶珠，環繞寶珠的是兩隻摩羯。摩羯是古代印度神話中的一種有長鼻利齒的神獸，它身體似魚，為河水之精靈。隨着佛教傳入，摩羯也逐漸為中國人所知。而以摩羯為器物的主要裝飾，則反映出唐代時期佛教對社會生活的廣泛影響。

金翅鳥梵文名為"迦樓羅"，是古代印度神話中一種雙翼融金色的大鳥。據說它兩翅寬三百三十六萬里，住在古印度神話傳說中的須彌山下，以龍為食。

位於雲貴高原洱海之濱的崇聖寺三塔，氣勢宏偉。建築年代說法不一，一種說法是，五代時期白蠻族段恩平所建的大理國地方政權建造了崇聖寺三塔。因為龍敬塔而畏鵬，所以為消除水患，鎮服諸龍，以祈求五穀豐登，國泰民安，大理國就以金翅鳥為保護神。並特意將崇聖寺塔建於洱海之濱，金翅鳥就被置於塔頂。

鎏金鑲珠銀金翅鳥

298 荷葉形銀器蓋
唐（公元 618—907 年）
高 4，口徑 25.6 厘米，重
173.6 克
1982 年江蘇省丹徒縣
丁卯橋出土
江蘇省鎮江市博物館藏

299 鎏金摩羯紋銀盤
唐（公元 618—907 年）
高 2，直徑 47.8 厘米，重
1690 克
1976 年內蒙古自治區
赤峰市喀喇沁旗錦山出
土
內蒙古自治區博物館藏

300 鎏金鑲珠銀金翅鳥
宋（公元 960—1279 年）
高 18.5 厘米，重 125 克
1976 年雲南省大理崇
聖寺塔塔頂發現
雲南省博物館藏

301 鎏金銀冠
遼(公元907—1125年)
高31.4厘米
1985年內蒙古自治區
哲里木盟奈曼旗陳國公
主駙馬合葬墓出土
內蒙古自治區文物研究
所藏

　　陳國公主是遼景宗的孫
女，駙馬是遼仁德皇后的兄長
蕭紹矩。這件鎏金銀冠是陳國
公主的。它通體鎏金，是用銀絲
連綴十六片鏤雕薄銀片製成。
冠正面鏨刻一仙人像，冠前還
綴有二十一片鏤刻鳳紋、花卉
鎏金銀牌、一件寶珠形銀牌和
兩件立體的銀鳳凰。

　　銀冠與銀枕、銀靴等葬具
一同出土，可見它不是墓主生
前使用的銀冠，而是隨葬的明
器。

302 舍利金塔
遼(公元907—1125年)
高11厘米
1989年遼寧省朝陽市
北塔出土
遼寧省文物考古研究所
藏

　　在古代印度，隨着佛敎的
興起，出現了紀念性的佛敎建
築——塔。塔是古梵文"Stupa"
的譯音，遼代崇信佛敎，各地均
大興塔寺，現存的朝陽北塔就
是那時所建。爲了在塔中存放
佛舍利，信徒們製作了各種珍
貴的容器，中國從五代以後風
行以小型的塔幢盛放舍利。

　　這件金塔仿自當時的單層
亭閣式建築，頂飾寶珠，基座爲
蓮花形並有欄杆，四壁均鏨刻
有佛像。塔內存有一瑪瑙瓶，內
藏二粒佛舍利及五顆鎏金珍
珠。

303 金面具
遼(公元907—1125年)
高21.7、寬18.8厘米
1985年內蒙古自治區
哲里木盟奈曼旗陳國公
主駙馬合葬墓出土
內蒙古自治區文物研究
所藏

　　遼代的契丹貴族爲了保護
死者的面容、身體不致腐朽，有
用面具覆蓋死者面容，以銀絲
包裹尸身的風俗。面具以死者
的臉型爲本，以錘鍱方法製成
五官具備的形象。普通的面具
爲銅質、鎏金銅或銀質，而這件
面具則是以黃金製成，可見葬
禮規格之高。

金鳳釵

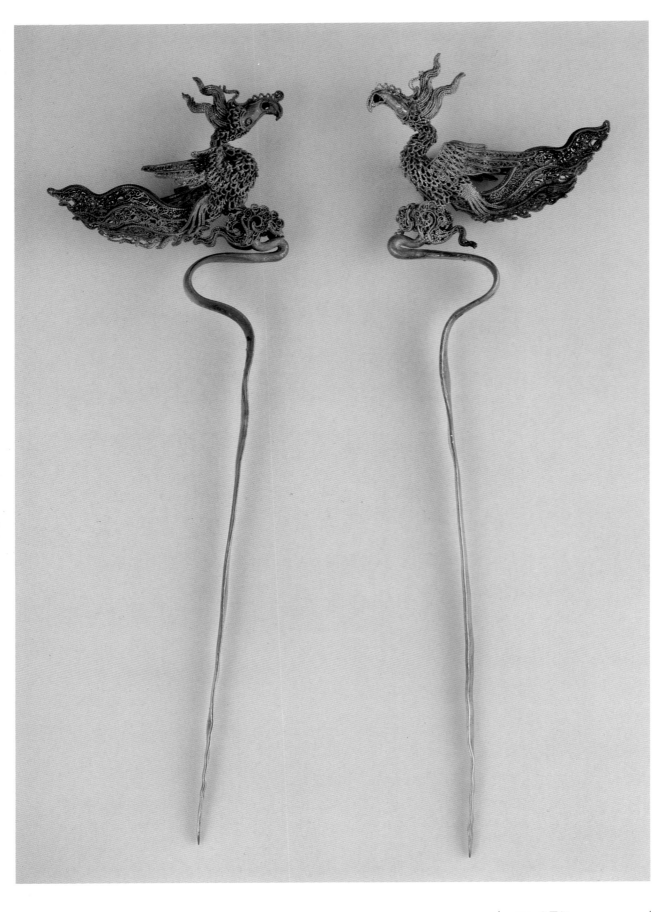

鳳凰是中國古代神話傳說中的一種鳥。就像龍是中國古代帝王的化身一樣，鳳也是皇后、嬪妃的象徵。這對鳳釵就是明代后妃的裝飾品，出土於南京開國皇帝朱元璋孝陵附近陪葬的后妃墓中。鳳釵由細如髮絲的金綫製成，羽毛細密，排列齊整，長長的尾羽由身後回旋向上。鳳的二目圓睜、尖喙下勾，雙翼伸展，足踏雲朵，神采奕奕。

304 金鳳釵
明（公元 1368—1644 年）
長 8.6、7.8 厘米
1981 年江蘇省南京市
明孝陵佚名墓出土
江蘇省南京市博物館藏

萬曆皇帝金絲冠

305 萬曆皇帝金絲冠
明(公元 1368—1644 年)
高 24 厘米
1958 年北京市昌平縣
明定陵出土
北京市定陵博物館藏

中國明代神宗皇帝朱翊鈞，年號萬曆，死於一六二○年，葬於北京昌平十三陵的定陵。一九五八年由中國科學院考古研究所發掘並發現了這隻金絲皇冠。它是迄今為止中國從考古發掘中獲得的唯一一件古代皇帝的金冠，彌足珍貴。

金冠用極細的金絲編成翼善冠的形式，所以分量很輕，適於冠戴。冠上裝飾兩條用同樣的金絲編成的金龍，對稱的裝飾在冠頂的兩側，居中是一顆火焰寶珠，呈雙龍戲珠的態勢，極為生動。

它是明代金銀工藝中罕見的既有實用價值，又具極高的藝術價值的精品。從中也可略知中國古代皇帝用器的豪華精美。

圖錄

圖錄

圖錄

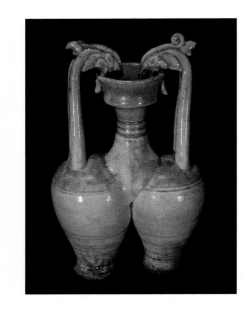

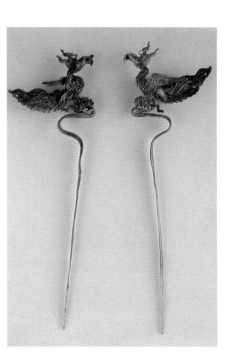

出土文物三百品

中国文物交流中心编

*

新世界出版社出版

北京外文印刷厂印刷

中国国际图书贸易总公司发行

（中国北京车公庄西路35号）

北京邮政信箱第399号　邮政编码100044

1992年（中）第一版

ISBN 7-80005-193-5

84-C-715S